TREINAMENTO E DESENVOLVIMENTO DE RECURSOS HUMANOS

CHIAVENATO
SÉRIE RECURSOS HUMANOS

CB040873

O GEN | Grupo Editorial Nacional – maior plataforma editorial brasileira no segmento científico, técnico e profissional – publica conteúdos nas áreas de ciências sociais aplicadas, exatas, humanas, jurídicas e da saúde, além de prover serviços direcionados à educação continuada e à preparação para concursos.

As editoras que integram o GEN, das mais respeitadas no mercado editorial, construíram catálogos inigualáveis, com obras decisivas para a formação acadêmica e o aperfeiçoamento de várias gerações de profissionais e estudantes, tendo se tornado sinônimo de qualidade e seriedade.

A missão do GEN e dos núcleos de conteúdo que o compõem é prover a melhor informação científica e distribuí-la de maneira flexível e conveniente, a preços justos, gerando benefícios e servindo a autores, docentes, livreiros, funcionários, colaboradores e acionistas.

Nosso comportamento ético incondicional e nossa responsabilidade social e ambiental são reforçados pela natureza educacional de nossa atividade e dão sustentabilidade ao crescimento contínuo e à rentabilidade do grupo.

Idalberto
Chiavenato

TREINAMENTO E DESENVOLVIMENTO DE RECURSOS HUMANOS

COMO INCREMENTAR
TALENTOS NA EMPRESA

9ª edição

- O autor deste livro e a editora empenharam seus melhores esforços para assegurar que as informações e os procedimentos apresentados no texto estejam em acordo com os padrões aceitos à época da publicação, *e todos os dados foram atualizados pelo autor até a data de fechamento do livro.* Entretanto, tendo em conta a evolução das ciências, as atualizações legislativas, as mudanças regulamentares governamentais e o constante fluxo de novas informações sobre os temas que constam do livro, recomendamos enfaticamente que os leitores consultem sempre outras fontes fidedignas, de modo a se certificarem de que as informações contidas no texto estão corretas e de que não houve alterações nas recomendações ou na legislação regulamentadora.

- Data do fechamento do livro: 26/10/2021

- O autor e a editora se empenharam para citar adequadamente e dar o devido crédito a todos os detentores de direitos autorais de qualquer material utilizado neste livro, dispondo-se a possíveis acertos posteriores caso, inadvertida e involuntariamente, a identificação de algum deles tenha sido omitida.

- **Atendimento ao cliente: (11) 5080-0751 | faleconosco@grupogen.com.br**

- Direitos exclusivos para a língua portuguesa
  Copyright © 2022 by
  Editora Atlas Ltda.
  Uma editora integrante do GEN | Grupo Editorial Nacional
  Travessa do Ouvidor, 11
  Rio de Janeiro – RJ – 20040-040
  www.grupogen.com.br

- Reservados todos os direitos. É proibida a duplicação ou reprodução deste volume, no todo ou em parte, em quaisquer formas ou por quaisquer meios (eletrônico, mecânico, gravação, fotocópia, distribuição pela Internet ou outros), sem permissão, por escrito, da Editora Atlas Ltda.

- Capa: Bruno Sales

- Editoração eletrônica: LWO Produção Editorial

- Ficha catalográfica

CIP-BRASIL. CATALOGAÇÃO NA PUBLICAÇÃO
SINDICATO NACIONAL DOS EDITORES DE LIVROS, RJ

C458t
9. ed.

Chiavenato, Idalberto, 1936-
Treinamento e desenvolvimento de recursos humanos : como incrementar talentos na empresa / Idalberto Chiavenato. - 9. ed. - Barueri [SP] : Atlas, 2022.
(Recursos humanos)

Inclui bibliografia e índice
ISBN 978-85-97-02458-6

1. Administração de pessoal. 2. Recursos humanos. 3. Pessoal - Treinamento. I. Título. II. Série.

21-73437   CDD: 658.3124
              CDU: 005.963.1

Meri Gleice Rodrigues de Souza - Bibliotecária - CRB-7/6439

À Rita.

Escrever um livro é, no fundo, um ato de amor e de carinho.

E ao dedicar-lhe este livro, faço-o com todo amor e carinho.

Parabéns!

Além da edição mais completa e atualizada do livro *Treinamento e Desenvolvimento de Recursos Humanos*, agora você tem acesso à Sala de Aula Virtual do Prof. Idalberto Chiavenato.

Chiavenato Digital é a solução que você precisa para complementar seus estudos.

São diversos objetos educacionais, como vídeos do autor, mapas mentais, estudos de caso e muito mais!

Para acessar, basta seguir o passo a passo descrito na orelha deste livro.

Bons estudos!

Confira o vídeo de apresentação da plataforma pelo autor.

uqr.to/hs6d

Sempre que o ícone 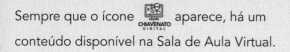 aparece, há um conteúdo disponível na Sala de Aula Virtual.

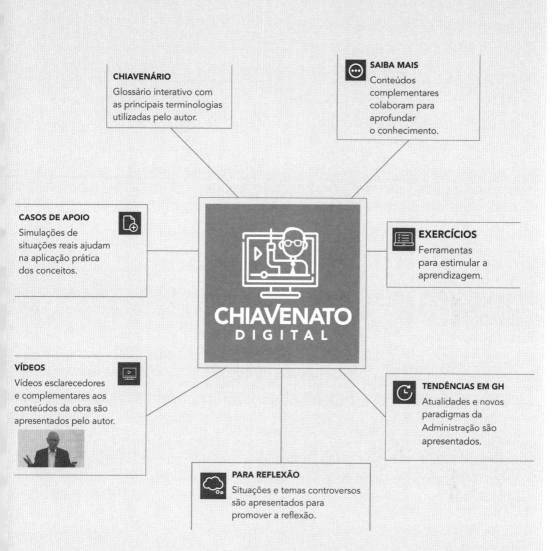

SOBRE O AUTOR

Idalberto Chiavenato é Doutor e Mestre em Administração pela City University Los Angeles (Califórnia, EUA), especialista em Administração de Empresas pela Escola de Administração de Empresas de São Paulo da Fundação Getulio Vargas (FGV EAESP), graduado em Filosofia e Pedagogia, com especialização em Psicologia Educacional, pela Universidade de São Paulo (USP), e em Direito pela Universidade Presbiteriana Mackenzie.

Professor honorário de várias universidades do exterior e renomado palestrante ao redor do mundo, foi professor da FGV EAESP. Fundador e presidente do Instituto Chiavenato, é membro vitalício da Academia Brasileira de Ciências da Administração. Conselheiro e vice-presidente de Assuntos Acadêmicos do Conselho Regional de Administração de São Paulo (CRA-SP). Autor de 48 livros nas áreas de Administração, Recursos Humanos, Estratégia Organizacional e Comportamento Organizacional publicados no Brasil e no exterior. Recebeu três títulos de *Doutor Honoris Causa* por universidades latino-americanas e a Comenda de Recursos Humanos pela ABRH-Nacional.

APRESENTAÇÃO DA SÉRIE

Caro leitor,

Nossa *Série RH* foi dividida em cinco livros, cada um deles focado especificamente em um dos seus temas básicos, idealizando facilitar para o leitor que tenha interesse em apenas determinado assunto dessa área tão importante e relevante do mundo empresarial. Por esse motivo, todos os livros da série, exceto o *Administração de Recursos Humanos – Gestão Humana*, iniciam-se com o mesmo conteúdo em seu primeiro capítulo, que envolve os fundamentos básicos da área. Esse capítulo, nomeado *O Sistema de Gestão Humana*, traz em seu título uma inovação: passamos a utilizar o termo *Gestão Humana* no lugar de *Recursos Humanos*. Não é uma simples mudança de nome e explicaremos o motivo adiante.

A Era Industrial – em suas duas primeiras revoluções – trouxe importantes transformações para a sociedade e, em particular, para as organizações. Apesar das empresas serem constituídas por recursos físicos e por pessoas, o paradigma da produção em alta escala, protagonizada por esse evento, focou em uma gestão eficiente e no constante aumento da produtividade.

Essa visão, presente desde os tempos do taylorismo e do fordismo, foi bem caracterizada no filme *Tempos Modernos* (1936), do gênio Charles Chaplin (1889-1977), ao retratar, por meio de seu personagem *The Little Tramp* (O Vagabundo), as altas robotização e especialização do ser humano, considerado na época como um apêndice da máquina. O trabalhador, portanto, era visto como mais um recurso na pirâmide hierárquica, ou seja, mais um ativo para auxiliar a empresa a resolver alguns problemas que a máquina por si só não podia fazer. Todavia, o que é um "ativo", no conceito econômico utilizado pelas empresas, senão um conjunto de bens e de posses, passível de se transformar em dinheiro?

Apesar de a sociedade já ter vivido três Revoluções Industriais (a segunda marcada pelo desenvolvimento da indústria química; a terceira, pela substituição da mecânica analógica pela digital e pelo uso da internet) e, a partir de 2011, estar vivendo a quarta, que utiliza os recursos tecnológicos disponíveis para geração de conhecimento e produtividade, muitas organizações, em plena Era Digital, ainda se apropriam do termo Recursos Humanos quando se referem ao bem mais valioso que possuem: *suas pessoas*.

Pessoas não são recursos, assim como não são ativos. A organização não tem a posse ou a propriedade sobre seus colaboradores. Ela deve, contudo, adquirir seu compromisso, sua confiança e seu engajamento caso queira fazer a diferença em um mercado altamente competitivo e volátil.

Diferentemente da Era Industrial, em que os trabalhadores eram selecionados, muitas vezes, por sua capacidade física, atualmente as pessoas que colaboram para o sucesso da organização são valorizadas por suas competências, pelo seu conhecimento, compromisso e compartilhamento com os valores organizacionais.

Considerando, portanto, que a palavra "recurso" remete a um período industrial temporalmente distante em que o ser humano era considerado somente mais um ativo utilizado para rodar a engrenagem organizacional, as obras desta série passaram a utilizar o conceito de *Gestão Humana* no lugar de *Recursos Humanos*. Esta será a última edição com esses termos antigos nos títulos dos livros da série, uma vez que a intenção é mudar a forma como esses termos são tratados. Dessa forma, iniciamos uma mudança gradual, com atualizações nos subtítulos:

Edição anterior	Edição atual
Administração de Recursos Humanos: fundamentos básicos	Administração de Recursos Humanos – Gestão Humana: fundamentos básicos
Planejamento, Recrutamento e Seleção de Pessoas: como agregar talentos à empresa	Planejamento, Recrutamento e Seleção de Pessoal: como agregar talentos à empresa
Desempenho Humano nas Empresas: como desenhar cargos e avaliar o desempenho para alcançar resultados	Desempenho Humano nas Empresas: como desenhar o trabalho e conduzir o desempenho
Treinamento e Desenvolvimento de Recursos Humanos: como incrementar talentos na empresa	Treinamento e Desenvolvimento de Recursos Humanos: como incrementar talentos na empresa (título não sofreu alteração)
Remuneração, Benefícios e Relação de Trabalho: como reter talentos na organização	Remuneração, Benefícios e Relações de Trabalho: como reter talentos na organização

Mas o que seria a Gestão Humana? Em vez de utilizar somente a técnica, como sugere o termo *recursos*, a Gestão Humana vai além: ela busca a valorização das pessoas, seu desenvolvimento e suas competências nas organizações em que atuam. Recursos são administrados pois são inertes, estáticos, padronizados e sem vida própria. Pessoas, não. Elas devem ser engajadas, empoderadas, impulsionadas e lideradas, pois são inteligentes, competentes, ativas e proativas. Assim, as organizações que investem no seu Capital Humano, dando-lhes oportunidades de progresso e avanço intelectual, obterão o melhor de sua gente e, portanto, melhores retornos. Em plena Era Digital, em um mundo altamente flexível, instável e competitivo, as pessoas são para as organizações o principal diferencial para que elas alcancem competitividade, crescimento e sustentabilidade.

Desejamos, portanto, que as obras desta série sirvam de ponto de partida para o desenvolvimento de uma Gestão mais Humana, colaborativa, inclusiva e sustentável.

Idalberto Chiavenato

TÍTULOS DA SÉRIE

A série oferece a literatura fundamental e intensamente atualizada para os especialistas que lidam com a área de RH, para os que lidam com equipes de pessoas em qualquer nível da empresa e para todos que pretendem dedicar-se a essa área fundamental, com o objetivo de alcançar o sucesso organizacional no dinâmico e competitivo mundo atual.

A série é composta pelos seguintes livros:

Administração de Recursos Humanos – Gestão Humana: fundamentos básicos – 9ª edição
Saber lidar com pessoas tornou-se uma responsabilidade pessoal, indelegável e crucial de todos aqueles que ocupam posições executivas ou de liderança.
O livro fornece uma visão abrangente da interação entre pessoas e organizações, a compreensão da dinâmica das organizações, da sua missão e visão de futuro, seu relacionamento com o ambiente externo e a necessidade de competências essenciais para o seu sucesso. Permite a compreensão das pessoas e da variabilidade humana, a necessidade de comunicação e motivação para dinamizar o comportamento humano e novos conceitos sobre o capital humano. Proporciona, ainda, uma visão abrangente da administração de RH como responsabilidade de linha e função de *staff*, suas políticas e objetivos e a íntima conexão entre capital humano e capital intelectual.

Planejamento, Recrutamento e Seleção de Pessoal: como agregar TALENTOS à empresa – 9ª edição
Atrair e agregar talentos significa pensar não somente nas atividades presentes e nas operações cotidianas da empresa, mas principalmente em seus futuro e destino. A obra mostra como funciona o sistema de provisão de recursos humanos em toda a sua extensão e as melhores práticas de planejamento da Gestão Humana (GH) e de recrutamento e seleção de pessoas para atrair talentos e aumentar o capital humano: o patrimônio mais importante de uma empresa moderna.

Desempenho Humano nas Empresas: como desenhar o trabalho e conduzir o desempenho – 8ª edição
Não basta ter pessoas na organização, pois isso não significa necessariamente ter talentos. E também não basta ter talentos: é preciso saber utilizá-los, rumo aos objetivos pretendidos. Assim, torna-se necessária uma plataforma para esse propósito. Descrever e

analisar cargos não é suficiente. Chame de cargos, posições, atividades – ou o nome que queira –, é fundamental saber modelar o trabalho das pessoas (seja individual, seja em equipe) e avaliar o desempenho delas, sem esquecer-se de que desempenho é um meio para alcançar metas e objetivos. Com isso, resultados são alcançados e é agregado valor ao negócio, ao cliente e, sobretudo, ao colaborador.

Desse modo, o livro mostra como funciona o sistema de aplicação de recursos humanos em toda a sua extensão, bem como as melhores práticas de modelagem do trabalho e de avaliação do desempenho humano.

Treinamento e Desenvolvimento de Recursos Humanos: como incrementar TALENTOS na empresa – 9ª edição

Não é suficiente atrair e reter talentos. O conhecimento constitui a moeda mais valiosa no mundo dos negócios, e é preciso que as pessoas aprendam a se atualizar continuamente para darem conta do *gap* de conhecimento que impera nas organizações. A obra mostra como funciona o sistema de desenvolvimento da Gestão Humana (GH) em toda a sua extensão, bem como as melhores práticas para treinar e desenvolver pessoas e organizações. Apresenta também as práticas de educação corporativa, de gestão do conhecimento e das competências para incrementar o capital intelectual da empresa.

Remuneração, Benefícios e Relações de Trabalho: como reter TALENTOS na organização – 8ª edição

Não basta conquistar talentos para a empresa: é preciso saber mantê-los estimulados e ativos. Para isso, a empresa deve se tornar o melhor lugar para se trabalhar. O livro mostra como funciona o sistema de manutenção de recursos humanos em toda a sua extensão, além das melhores práticas de remuneração, de oferta de benefícios e de serviços sociais, e aspectos do ambiente de trabalho e das relações trabalhistas. Trata, ainda, da remuneração variável (baseada em habilidades e competências) e da flexibilização dos benefícios e da previdência privada. Como apoio, aborda as modernas relações trabalhistas atuais.

PREFÁCIO

Para ser bem-sucedida, toda organização precisa saber utilizar intensamente todos os seus pontos fortes em conjunto, tais como valores, cultura, competências, recursos e engajamento e preparo do seu pessoal, e, com eles, criar e aumentar incessantemente valor e expandir sua vantagem competitiva para oferecer resultados concretos a todos os seus públicos estratégicos. É uma questão de sobrevivência, competitividade e sustentabilidade.

Em um mundo de negócios em constante e crescente mudança e instabilidade, ganham as organizações capazes de pôr em prática as suas competências distintivas e, com elas, produzir resultados excelentes. E essas acontecem graças ao conjunto integrado das competências individuais e do comprometimento de seus talentos. Sem isso, nada feito. A tecnologia ajuda e muito! Porém, o segredo está em investir pesadamente em talentos a fim de aumentar o capital humano e, consequentemente, o capital intelectual focado no negócio da organização. Uma tarefa sem fim, mas prodigiosamente valiosa.

Mas aí vem a pergunta: quem é que, dentro da organização, deve investir em talentos? Quem é o responsável por isso? Quem deve levar adiante a bandeira desse investimento fundamental? E a resposta é muito simples: todos dentro da organização, desde o presidente, os diretores, gerentes, órgãos de apoio e suporte, órgão de Gestão Humana (GH), até os próprios colaboradores. Trata-se de um verdadeiro mutirão de esforços continuados e incessantes ao longo do tempo.

E aqui estamos falando de treinamento e desenvolvimento, aprendizagem individual e organizacional, gestão do conhecimento corporativo e coisas assim. Um intenso e sincronizado movimento que envolve pessoas, equipes e unidades organizacionais ao mesmo tempo em que cuida de análises e sínteses, diagnósticos e prognósticos, planos e implementações, projetos e conteúdos multidisciplinares, mídias e recursos instrucionais, modelos mentais e cognitivos e, mais do que tudo isso, o interesse, a vontade e a motivação de aprender cada vez mais. Sempre e sempre. Continuamente. Tudo isso depende da mentalidade existente, de uma cultura de excelência e de melhoria contínua capaz de transformar o aprendizado constante em um estilo de trabalho e em um verdadeiro estilo de vida. E isso rende resultados incríveis, traz um fabuloso retorno sobre o investimento feito, talvez o melhor e mais elevado frente a todos os demais investimentos feitos em tecnologias, equipamentos e instalações. Trata-se de um investimento feito no intangível, mas que traz retornos tangíveis à organização, ao cliente, à sociedade e, principalmente, aos colaboradores envolvidos nesse maravilhoso processo. Um processo de mudança cognitiva, comportamental, profissional e atitudinal, mas que traz profundas consequências motivacionais, morais e de autoestima às pessoas, pois à medida que aumenta sua capacitação profissional e seu rendimento, aumenta também o seu desempenho, seu valor, sua consciência, suas expectativas e seus objetivos individuais. E tudo isso leva forçosamente ao sucesso organizacional. É uma questão de saber plantar e saber colher.

Idalberto Chiavenato

SUMÁRIO

Capítulo 1
O SISTEMA DE GESTÃO HUMANA, 1
INTRODUÇÃO, 2
1.1 SUBSISTEMAS DE GH, 4
1.2 ORGANIZAÇÃO COMO UM CONJUNTO INTEGRADO DE COMPETÊNCIAS, 10
RESUMO, 13
TÓPICOS PRINCIPAIS, 13
QUESTÕES PARA DISCUSSÃO, 14
REFERÊNCIAS, 14

Capítulo 2
SUBSISTEMA DE DESENVOLVIMENTO DO TALENTO HUMANO: DESENVOLVENDO TALENTOS E CRIANDO COMPETÊNCIAS, 15
INTRODUÇÃO, 16
2.1 ÁREAS DE DESENVOLVIMENTO DO TALENTO HUMANO, 17
2.2 APRENDIZAGEM, 19
    2.2.1 Memorização e esquecimento, 24
    2.2.2 Necessidade de flexibilidade e agilidade, 26
    2.2.3 Organizações exponenciais, 27
2.3 AVALIAÇÃO DO SUBSISTEMA DE DESENVOLVIMENTO DE PESSOAS, 28
2.4 ETAPAS DO SUBSISTEMA DE DESENVOLVIMENTO DE PESSOAS, 29
RESUMO, 31
TÓPICOS PRINCIPAIS, 32
QUESTÕES PARA DISCUSSÃO, 32
REFERÊNCIAS, 33

Capítulo 3
TREINAMENTO E DESENVOLVIMENTO DE PESSOAS, 35
INTRODUÇÃO, 36

3.1 CONCEITO E TIPOS DE EDUCAÇÃO, 38

3.2 TREINAMENTO, 40
    3.2.1 Conceituação de treinamento, 40
    3.2.2 Objetivos do treinamento, 43
    3.2.3 Treinamento como responsabilidade de linha e função de *staff*, 43
    3.2.4 Binômio instrutor × aprendiz, 44
    3.2.5 Relação instrução × aprendizagem, 44

3.3 CICLO DO TREINAMENTO, 45

3.4 LEVANTAMENTO DE NECESSIDADES DE TREINAMENTO, 48
    3.4.1 Indicadores de necessidades de treinamento, 54

3.5 PROGRAMAÇÃO DE TREINAMENTO, 56
    3.5.1 Planejamento do treinamento, 57
    3.5.2 Indicadores de resultados, 61

3.6 TECNOLOGIA DE TREINAMENTO, 64

3.7 EXECUÇÃO DO TREINAMENTO, 67

3.8 AVALIAÇÃO DOS RESULTADOS DO TREINAMENTO, 70

3.9 RETORNO DO INVESTIMENTO EM TREINAMENTO, 72
    3.9.1 Modelos de medição da aprendizagem, 72
    3.9.2 Os cinco níveis do treinamento, 73
    3.9.3 Ensino a distância, 75
    3.9.4 Educação corporativa, 75

3.10 COMPETÊNCIAS BÁSICAS, 77

3.11 CONHECIMENTO, 77
    3.11.1 Conhecimento e inovação, 78

3.12 TENDÊNCIAS NOS PROCESSOS DE DESENVOLVER TALENTOS, 81

RESUMO, 82

TÓPICOS PRINCIPAIS, 83

QUESTÕES PARA DISCUSSÃO, 83

REFERÊNCIAS, 84

Capítulo 4
EDUCAÇÃO CORPORATIVA E ORGANIZAÇÕES DE APRENDIZAGEM, 87

INTRODUÇÃO, 88

4.1 DESAFIOS DA EDUCAÇÃO CORPORATIVA, 88
    4.1.1 Educação corporativa como um processo contínuo e global na organização, 90
    4.1.2 Novo papel da GH quanto ao desenvolvimento de pessoas, 91

4.2 GESTÃO DO CONHECIMENTO CORPORATIVO, 92
    4.2.1 Universidade corporativa (UC), 98

4.2.2 Novo papel da GH quanto ao desenvolvimento de pessoas, 99

4.3 GESTÃO DE COMPETÊNCIAS, 99
    4.3.1 Competências individuais, 99
    4.3.2 Competências organizacionais, 101

4.4 CAPITAL INTELECTUAL, 103
    4.4.1 Estrutura do capital intelectual, 104
    4.4.2 Indicadores do capital intelectual, 106

4.5 ORGANIZAÇÕES DE APRENDIZAGEM, 107

4.6 APRENDIZAGEM ORGANIZACIONAL, 109

4.7 OBJETIVOS DO SUBSISTEMA DE DESENVOLVIMENTO DE PESSOAS, 117

RESUMO, 119

TÓPICOS PRINCIPAIS, 120

QUESTÕES PARA DISCUSSÃO, 120

REFERÊNCIAS, 121

Capítulo 5
DESENVOLVIMENTO ORGANIZACIONAL, 123

INTRODUÇÃO, 124

5.1 PRESSUPOSTOS BÁSICOS DO DO, 124
    5.1.1 Origens do DO, 128

5.2 PROCESSO DO DO, 129

5.3 TÉCNICAS DE INTERVENÇÃO EM DO, 130
    5.3.1 Método de realimentação de dados, 131
    5.3.2 Desenvolvimento de equipes, 132
    5.3.3 Grade gerencial (*managerial grid*), 133
    5.3.4 Enriquecimento e ampliação do cargo, 135
    5.3.5 Treinamento da sensitividade, 135
    5.3.6 Consultoria de procedimentos, 136

5.4 OBJETIVOS DO DO, 138
    5.4.1 O modelo XA e YB, 138

5.5 ALGUMAS CONSIDERAÇÕES SOBRE O DO, 139
    5.5.1 Habilitadores da mudança organizacional, 141

5.6 NÍVEIS DE MUDANÇA ORGANIZACIONAL, 142

5.7 TENDÊNCIAS NOS PROCESSOS DE DESENVOLVER PESSOAS, 145

RESUMO, 148

TÓPICOS PRINCIPAIS, 149

QUESTÕES PARA DISCUSSÃO, 149

REFERÊNCIAS, 149

ÍNDICE ALFABÉTICO, 153

1 O SISTEMA DE GESTÃO HUMANA

OBJETIVOS DE APRENDIZAGEM

- Compreender os processos de GH.
- Descrever o atual contexto da GH moderna.
- Entender os subsistemas de GH como base da geração dos resultados organizacionais.
- Compreender as competências organizacionais integradas como novo paradigma para a competitividade organizacional.

O QUE VEREMOS ADIANTE

- Os subsistemas da Gestão Humana (GH).
- A organização como um conjunto integrado de competências.

CASO INTRODUTÓRIO
Grupo J.K.

Murilo Mendes foi contratado como novo gestor da área de GH do Grupo J.K. Seu desafio: modernizar a GH, cujo foco ainda estava vinculado ao modelo tradicional de gestão, herdado da Era Industrial. Para realizar a mudança, que não seria pequena – haja vista que envolveria mudar o DNA da organização –, Murilo decidiu se reunir com sua equipe para analisar, em conjunto, a situação atual da área, a fim de situar a GH no negócio do Grupo J.K. e, posteriormente, propor mudanças. Se você fosse um dos funcionários de Murilo, qual(is) seria(m) sua(s) proposta(s) de mudança(s)?

INTRODUÇÃO

Em plena Era do Conhecimento, a base da excelência organizacional passou a ser o elemento humano, e a Era Digital se incumbiu de intensificá-la cada vez mais graças às modernas tecnologias avançadas. A globalização, o intenso desenvolvimento tecnológico e a mudança e a transformação da sociedade fazem com que a capacidade de sobrevivência e excelência das organizações passe cada vez mais a depender forte e diretamente das habilidades e das competências dos talentos que nelas participam ativamente. Em um mundo de negócios caracterizado por mudanças exponenciais, as organizações precisam rápida e decisivamente reorientar seus rumos, mudar processos, modificar produtos e serviços, alterar estratégias, utilizar novas tecnologias emergentes, conhecer as aspirações dos clientes, compreender as armadilhas estratégicas dos concorrentes e saber surfar nas ondas de um mercado dinâmico, mutável e extremamente competitivo. E quem faz tudo isso dentro das organizações? Elas próprias? A tecnologia ajuda, e muito, os recursos financeiros e materiais contam, mas quem toma as decisões? Quem avalia as situações, quem pensa, interpreta, raciocina e age dentro das organizações? Quem visualiza o mercado, atende o cliente e avalia as suas expectativas? Quem introduz inteligência, imaginação, criatividade e inovação? São as pessoas, que pensam, interpretam, avaliam, raciocinam, decidem e agem dentro das organizações. O segredo das organizações bem-sucedidas é saber agregar valores humanos e integrá-los, engajá-los e alinhá-los em suas atividades, além de saber buscar talentos no mercado que tenham condições de ajudar a organização a navegar pelas turbulências dessa nova era. Nesse aspecto, os subsistemas de provisão de GH constituem a fonte inesgotável desses valores e talentos humanos capazes de formar o cérebro, a inteligência e o sistema nervoso da organização moderna.

> **CHIAVENATO DIGITAL** Aumente seus conhecimentos sobre **Sistema de Gestão Humana** na seção *Saiba mais* TDRH 1.1

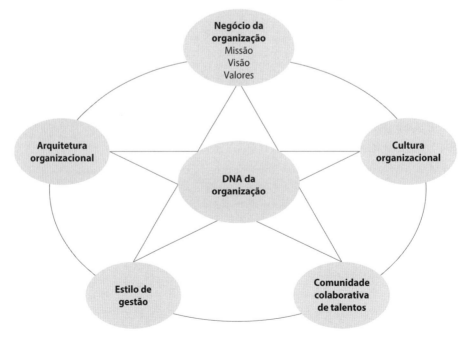

Figura 1.1 O DNA das organizações.

A GH é uma área extremamente sensível a três aspectos organizacionais: a arquitetura organizacional adotada, a cultura corporativa dominante e o estilo de gestão adotado pelas lideranças. Por isso, a GH é contingencial e situacional. Depende do desenho organizacional adotado em função da estratégia global, da mentalidade que existe em cada organização e do estilo de gestão que presidente, diretores, gestores, supervisores e líderes de equipes adotam. Além disso, depende das características do contexto ambiental, do negócio da organização, de suas características internas, de seus processos básicos e de um sem-número de outras variáveis importantes.

Acesse conteúdo sobre **O DNA das organizações** na seção *Tendências em GH 1.1*

Assim, enfatizamos: a Era da Informação colocou o conhecimento como o mais importante recurso organizacional, e a Era Digital o tornou uma riqueza intangível, invisível e fundamental para o sucesso das organizações. Tudo isso trouxe à tona situações completamente inesperadas. Uma delas é a extraordinária e crescente importância do capital intelectual como riqueza organizacional.

TENDÊNCIAS EM GH

O que é de valor para as organizações

Atualmente, a empresa mais valiosa do mundo não é mais a maior empresa do mundo – nem a General Motors, nem o Walmart –, como se poderia esperar pelo valor extraordinário de seus patrimônios contábeis ou tangíveis. A Microsoft – que ocupa o 161º lugar em termos de faturamento – chegou a ser a empresa com o maior valor de mercado do mundo: hoje, ela vale, em bolsa, mais de 100 vezes o valor de seu ativo tangível. A IBM comprou a Lótus por 15 vezes o seu valor patrimonial. Isso significa que as empresas não valem apenas por seu patrimônio físico ou contábil, mas também pelo valor que seus talentos são capazes de agregar ao seu negócio. É o que ocorre com organizações como Amazon, Apple, Google, Microsoft e todas aquelas cujo valor de mercado decolou às alturas. Afinal, estamos na Era do Capital Intelectual.

O trabalhador braçal está cada vez mais se tornando um trabalhador intelectual. Essa forte migração do trabalho manual e físico para a atividade cerebral e intelectual faz com que a seleção e a constante formação e capacitação das pessoas estejam em primeiro lugar nas prioridades das organizações. A importância do trabalhador intelectual – *knowledge worker*, capaz de trabalhar com a cabeça e participar ativa e proativamente na condução dos negócios da empresa – é o divisor de águas entre as empresas bem-sucedidas e aquelas que ainda pretendem sê-lo. O capital intelectual significa inteligência competitiva e representa um ativo intangível que a contabilidade moderna tem dificuldade de manipular por meio de seus procedimentos tradicionais. Um ativo intangível que reside na cabeça das pessoas: são elas que aprendem e adquirem o conhecimento e, a partir daí, percebem, pensam, interpretam, raciocinam, tomam decisões e agem dentro das empresas. Mais do que isso: são as pessoas que criam novos produtos e serviços, visualizam a concorrência, melhoram os processos internos e encantam os clientes. São elas que dão vida, emoção, razão e ação para as organizações.

De modo geral, a competitividade e a sustentabilidade das organizações, agora, dependem do conhecimento que as pessoas trazem para a organização. E nada mais esclarecedor, criativo, inovador e mutável do que o conhecimento. O segredo das organizações bem-sucedidas é saber consolidar, compartilhar e reciclar o conhecimento entre os seus talentos; treinar, preparar e desenvolver os colaboradores que tenham condições permanentes de lidar com a mudança e a inovação, de criar e proporcionar valor à organização e aos públicos estratégicos e, sobretudo, de mantê-la sempre eficiente, eficaz e competitiva em um mundo globalizado, mutável, caótico e exponencial. Nesse aspecto, o Subsistema de Provisão de GH constitui a fonte inesgotável desses valores e talentos humanos capazes de formar a inteligência, o cérebro e o sistema nervoso central da organização moderna.

Em uma era repleta de mudanças, incertezas, restrições, problemas, ameaças e dificuldades de toda sorte, em que avultam a inflação, a recessão e o desemprego, a GH se torna cada vez mais complexa e desafiante.

Entretanto, o importante é que a área de GH está passando também por grandes mudanças e inovações, sobretudo agora, com a crescente globalização dos negócios e a gradativa exposição à forte concorrência mundial, quando as palavras de ordem passaram a ser "produtividade", "qualidade" e "competitividade". Nesse novo contexto, as pessoas deixam de ser o problema das organizações para ser a solução de seus problemas. As pessoas deixam de ser o desafio tradicional para tornar-se a vantagem competitiva das organizações que sabem como lidar com elas e levá-las ao sucesso. As pessoas deixam de ser o recurso organizacional mais importante para tornar-se o parceiro principal do negócio da organização.

TENDÊNCIAS EM GH

Robôs

As máquinas inteligentes podem complementar a inteligência humana no consórcio entre seres humanos e robôs inteligentes, atuando em redundância e ajuda colaborativa por meio da inteligência artificial. A imagem popular a respeito dos robôs não é lá muito positiva. Contudo, os robôs – especialmente aqueles superinteligentes – provavelmente serão bem-vindos. O futuro o dirá, quando houver um aumento na extraordinária capacidade da futura força de trabalho. O que é certo é que a combinação do ser humano com a inteligência artificial implicará uma profunda mudança na estrutura de nossas organizações e da futura força de trabalho. Essa estreita integração entre talentos e máquinas implicará profundamente nas novas características da provisão de GH, que deverá contar com ambos.

1.1 SUBSISTEMAS DE GH

A GH deve ser abordada como um sistema holístico e integrado. Nessa abordagem sistêmica, a GH é um sistema composto de cinco subsistemas, conforme ilustrado na Figura 1.2.

Capítulo 1 – O Sistema de Gestão Humana

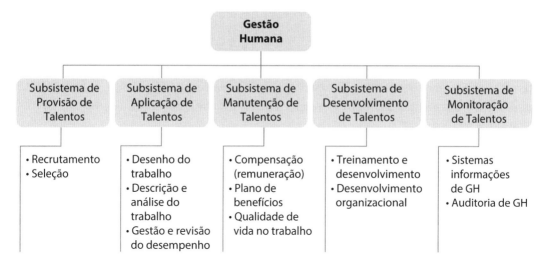

Figura 1.2 GH e seus subsistemas.[1]

Esses cinco subsistemas básicos da GH estão explicados no Quadro 1.1.

Quadro 1.1 Os cinco subsistemas básicos de GH

Subsistema	Objetivo	Atividades envolvidas
Provisão	Quem irá trabalhar na organização	■ Pesquisa de mercado de GH ■ Recrutamento de pessoas ■ Seleção de pessoas ■ Máquinas inteligentes
Aplicação	O que as pessoas farão na organização	■ Integração de pessoas ■ Integração de máquinas e pessoas ■ Desenho de cargos ■ Descrição e análise de cargos ■ Gestão do desempenho
Manutenção	Como manter as pessoas na organização	■ Remuneração e compensação ■ Benefícios e serviços sociais ■ Higiene e segurança do trabalho ■ Relações sindicais
Desenvolvimento	Como preparar e desenvolver pessoas	■ Treinamento ■ Desenvolvimento organizacional
Monitoração	Como saber o que são e o que fazem as pessoas	■ Banco de dados ■ Sistemas de informação ■ Balanço social

Esses cinco subsistemas relacionados com atrair, aplicar, reter, desenvolver e monitorar talentos estão intimamente relacionados e fazem parte de um sistema maior: a GH. Todos eles precisam estar integrados e balanceados para que o resultado global do sistema maior seja aumentado e expandido. O resultado global aumenta à medida que todos os subsistemas estejam perfeitamente articulados e sintonizados entre si, cada um influenciando positivamente os demais para gerar sinergia. Cada um desses subsistemas envolve os tópicos elencados no Quadro 1.2.

Quadro 1.2 Principais tópicos abrangidos pelos subsistemas de GH

Subsistemas	Tópicos abrangidos
Provisão	■ Planejamento de GH ■ Recrutamento de pessoal ■ Seleção de pessoal ■ Máquinas inteligentes
Aplicação	■ Integração de pessoas ■ Integração de máquinas e pessoas ■ Descrição e análise de cargos ■ Gestão do desempenho humano
Manutenção	■ Compensação ■ Benefícios sociais ■ Higiene e segurança ■ Relações sindicais
Desenvolvimento	■ Treinamento e desenvolvimento de pessoas ■ Desenvolvimento organizacional
Monitoração	■ Banco de dados e sistemas de informação ■ Auditoria de GH

Os cinco subsistemas formam um processo global e dinâmico por meio do qual as pessoas são captadas e atraídas, aplicadas em suas tarefas, mantidas na organização, desenvolvidas e monitorizadas pela organização. O processo global nem sempre apresenta essa sequência, devido à íntima interação entre os subsistemas e pelo fato de eles não estarem relacionados entre si de uma única e específica maneira. Eles são contingentes ou situacionais, variam conforme a organização e dependem de fatores ambientais, organizacionais, humanos, tecnológicos etc. São extremamente variáveis e, embora interdependentes, o fato de um deles mudar ou desenvolver-se em certa direção não significa que os outros mudem ou se desenvolvam exatamente na mesma direção e na mesma medida.

Figura 1.3 Uma nova visão da GH.

Na prática, os cinco subsistemas podem ser avaliados em um *continuum*, que vai desde uma abordagem tradicional (de subdesenvolvimento, na direita) até uma abordagem moderna (de superdesenvolvimento, na esquerda). Quando os subsistemas de GH são tratados tradicionalmente, eles mostram aspectos ultrapassados e obsoletos que merecem correções. E quando são desenhados adequadamente, eles se identificam com certos aspectos orgânicos e proativos que conduzem a área a níveis de excelência.

Embora seja desejável a uniformidade de critérios na condução de cada um dos subsistemas de GH, o que ocorre na prática é que muitas organizações ou executivos da área privilegiam alguns subsistemas em detrimento de outros, provocando desníveis ou assimetrias entre eles e até a perda dos efeitos de sinergia em função do seu tratamento conjunto. Como os subsistemas de GH variam em um *continuum*, que vai desde um modo precário, rudimentar e subdesenvolvido até um modo refinado, sofisticado e superdesenvolvido, o ideal seria a migração de todos os subsistemas para a extrema direita desse *continuum,* ou seja, no modo refinado, sofisticado e superdesenvolvido, para que as políticas e os procedimentos de GH sejam não apenas balanceados e compatíveis entre si, mas, sobretudo, bem formulados e fundamentados, como mostra a Figura 1.4.

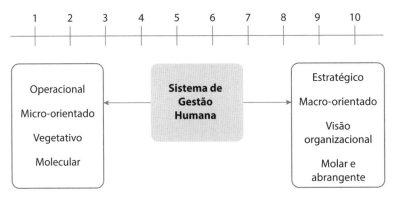

Figura 1.4 O *continuum* do Sistema de GH.

 VOLTANDO AO CASO INTRODUTÓRIO
Grupo J.K.

Com o objetivo de situar a área de GH no negócio do Grupo J.K., Murilo Mendes iniciou uma série de mudanças. Apesar de a área de GH realizar com excelência suas atividades operacionais, no mundo contemporâneo e digital, isso não basta. A competitividade vem por meio da qualidade e da produtividade dos colaboradores e de seu engajamento com o DNA da organização, e não somente dos processos e dos equipamentos. Nesse contexto, Murilo deveria buscar uma visão estratégica para o Sistema de GH, além de almejar o equilíbrio entre seus processos. Se você fosse Murilo Mendes, o que faria?

Toda organização procura alcançar resultados globais do negócio, como valor econômico agregado, crescimento, maior participação no mercado e lucratividade. Esses são, em geral, os objetivos organizacionais mais almejados, nem sempre bem conhecidos pelos executivos de GH. Para alcançá-los, a organização precisa de clientes, para servi-los, atendê-los e satisfazê-los adequadamente. Afinal, são os clientes que garantem os resultados globais do negócio. Sem eles, nada feito. Para conquistar clientes, a organização precisa dispor de processos internos – como produtividade, qualidade e inovação – como impulsionadores do negócio. Esses impulsionadores dependem, por sua vez, de competências organizacionais; elas decorrem das competências do capital humano, como conhecimento, habilidades, competências, atitudes, comprometimento, adaptabilidade e flexibilidade, desempenho e foco em resultados. Para alcançar e consolidar tais competências do capital humano, *são necessários subsistemas de GH, como prover, aplicar, manter,* desenvolver e monitorar pessoas, como vimos anteriormente.

Na verdade, trata-se de uma relação de causa e efeito de caráter sinérgico. Fazendo uma engenharia reversa, são necessários processos de GH para proporcionar competências do capital humano, as quais permitem desenvolver os impulsionadores do negócio – como produtividade, qualidade e inovação –, que melhoram e catapultam os processos internos para servir ao cliente e proporcionar os resultados globais do negócio. O *Balanced Scorecard* (BSD) da Figura 1.5 permite uma visão condensada dessa relação causal.

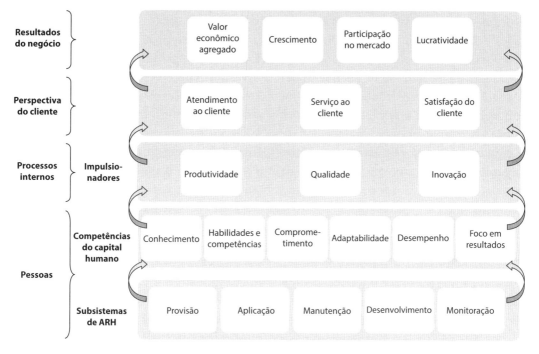

Figura 1.5 *Balanced Scorecard* de GH.²

Assim, a base fundamental para o alcance de resultados do negócio reside nos subsistemas de GH que cada organização é capaz de criar e utilizar. Para avaliar a GH, é necessário percorrer os indicadores de sua eficiência e eficácia:

- **Resultados do negócio**: são medidas do desempenho organizacional, análises financeiras, EVA, participação no mercado, lucratividade. Servem para indicar como a organização está sendo bem-sucedida em seus negócios. São os indicadores de resultado final.
- **Impulsionadores de desempenho**: são medidas de resultados intermediários, como produtividade, qualidade, inovação e satisfação do cliente. Os resultados finais do negócio são alcançados por meio do desempenho organizacional. São indicadores dos resultados intermediários que permitem o alcance dos resultados finais.
- **Competências humanas**: resultam do capital humano da organização e consistem das qualidades mais imediatas e visíveis – incluindo atitudes e habilidades – que são necessárias para alcançar resultados críticos do negócio. São as competências que conduzem aos resultados intermediários, que promovem o alcance dos resultados finais.
- **Sistema de GH**: consiste de práticas que conduzem a um forte e eficaz aumento do capital humano da organização. Envolve a conjugação dos subsistemas de GH, como provisão, aplicação, manutenção, desenvolvimento e monitoração da gestão humana. Permite o aumento e a consolidação das competências humanas da organização.

Neste livro, abordaremos o Subsistema de Provisão de GH. Os demais subsistemas são abordados nos outros livros desta coleção, dedicada à GH.

1.2 ORGANIZAÇÃO COMO UM CONJUNTO INTEGRADO DE COMPETÊNCIAS

Durante toda a Era Industrial, as organizações eram entendidas como conjuntos articulados e integrados de recursos – humanos, financeiros, materiais, tecnológicos etc. –, no sentido de alcançar objetivos organizacionais. Esse conceito perdurou até o final do século passado e foi perfeitamente adequado para a época. Atualmente, na Era da Informação, esse conceito perdeu a vitalidade. Atualmente, as organizações são entendidas como conjuntos integrados e articulados de competências sempre atualizadas e prontas para serem aplicadas a qualquer oportunidade que surja, antes que os concorrentes o façam. E aí vem a pergunta: Onde foram parar os recursos? Hoje, eles não fazem mais parte do DNA da organização. Eles fazem parte da infraestrutura, da base, da plataforma em que atuam as competências. É que os recursos quase sempre são físicos e materiais, são coisas estáticas e sem vida, enquanto as competências são ativas e proativas, inteligentes e flexíveis. Essa é a razão pela qual a denominação *Recursos Humanos* está sendo criticada. Pessoas são pessoas e não simples recursos ou propriedades da organização. Recursos são mercadorias que podem ser compradas ou alugadas no mercado. Pessoas são seres vivos e inteligentes. Tratar pessoas como recursos é uma questão típica da Era Industrial. Essa era *não morreu*, nem desaparecerá, mas seus princípios e valores estão sendo substituídos por princípios e valores de uma nova era em que estamos vivendo: a Era da Informação. Por essa razão, em todas as obras desta série, alteramos a denominação *Recursos Humanos* para *Gestão Humana*, pois pessoas não são recursos ou *commodities* que devem ser tratados como coisas uniformes e padronizadas, mas como personalidades diferentes cheias de vida, aspirações e sonhos que precisam ser realizados.

O Recursos Humanos (RH) tradicional estava – ou ainda está – focado no conceito de cargo, uma decorrência do velho modelo burocrático. Todos os seus processos básicos estavam centrados no cargo: recrutar e selecionar para preencher cargos vagos, remunerar de acordo com a avaliação e a classificação dos cargos, treinar para preparar as pessoas para ocupar os cargos, avaliar em função do desempenho nos cargos, e assim por diante. Parece até que o RH funcionava unicamente em função dos cargos existentes na organização. Para tanto, ele descrevia e analisava cargos para poder moldar e translatar os processos de recrutamento, seleção, treinamento, administração de salários, avaliação do desempenho etc. Hoje, as organizações estão mudando radicalmente essa situação. Elas estão migrando rapidamente do velho conceito de cargo para conceitos novos, como trabalho em equipe (em vez do trabalho isolado e solitário) e a noção de competências organizacionais (como base para a competitividade organizacional). Em muitas partes deste livro, em que se cita a palavra *cargo*, ela pode ser traduzida para a nova versão de competência ou de equipe.

Visualizando a Figura 1.6, as competências essenciais para o sucesso de uma organização (que permitem garantir suas características de competitividade, liderança no mercado, oferta de valor ao cliente e imagem e reputação) precisam ser desdobradas em competências funcionais (distintas para cada área de atividade da organização), enquanto essas precisam ainda ser desdobradas em competências gerenciais (necessárias para o exercício de liderança das equipes) e em competências individuais das pessoas. Não se trata mais de preencher cargos, mas dotar a organização de competências que lhe proporcionem vantagem competitiva e inovação.

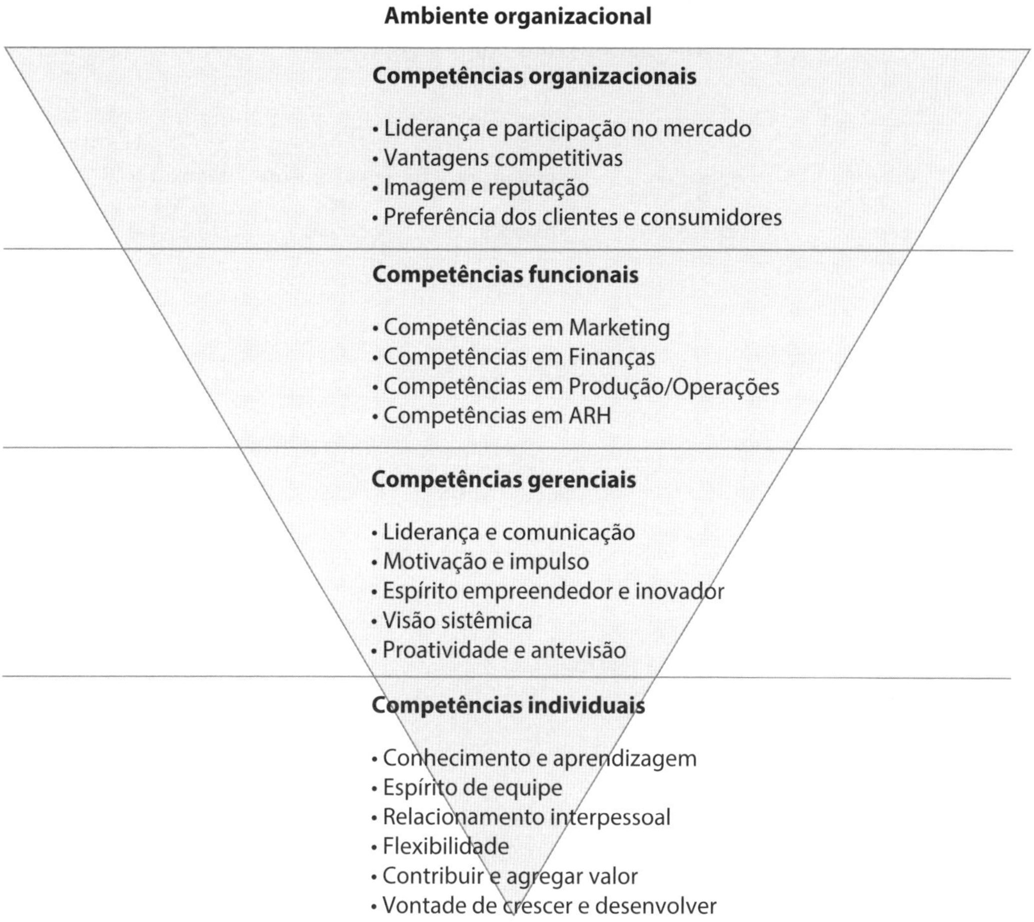

Ambiente organizacional

Competências organizacionais

- Liderança e participação no mercado
- Vantagens competitivas
- Imagem e reputação
- Preferência dos clientes e consumidores

Competências funcionais

- Competências em Marketing
- Competências em Finanças
- Competências em Produção/Operações
- Competências em ARH

Competências gerenciais

- Liderança e comunicação
- Motivação e impulso
- Espírito empreendedor e inovador
- Visão sistêmica
- Proatividade e antevisão

Competências individuais

- Conhecimento e aprendizagem
- Espírito de equipe
- Relacionamento interpessoal
- Flexibilidade
- Contribuir e agregar valor
- Vontade de crescer e desenvolver

Figura 1.6 O desdobramento das competências organizacionais.

A construção, o desenvolvimento e a aplicação das competências organizacionais – e, consequentemente, das competências funcionais, gerenciais e individuais – impõem um tratamento integrado ao Sistema de GH como um todo, no sentido de oferecer resultados, como mostra a Figura 1.7.

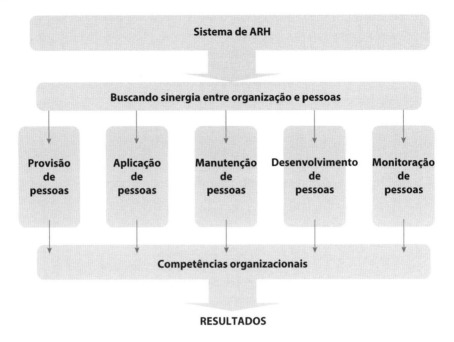

Figura 1.7 O Sistema de GH em busca de resultados.

VOLTANDO AO CASO INTRODUTÓRIO
Grupo J.K.

Murilo Mendes iniciou seu processo de mudanças na GH do Grupo J.K. Todavia, ele percebeu que muito deveria ser feito para que a organização fosse mais competitiva. Um dos diagnósticos realizados por Mendes, por exemplo, foi a resistência em mudar o conceito tradicional e burocrático sobre cargos. Mendes pretende modificar a gestão tradicional de cargos, transformando-a em uma gestão por competências dentro do ambiente organizacional. O que você faria se estivesse no lugar de Mendes?

Contudo, a construção das competências organizacionais passa necessariamente pelo Subsistema de Provisão de GH. É por aí que ingressam os talentos que irão fazer parte da organização e por onde se planta e se cria o futuro dela. Ou seja, aquilo que a organização será no amanhã a partir dos talentos que hoje ingressam nela.

PARA REFLEXÃO

Assimetria nos subsistemas

O ideal seria que os subsistemas de GH trabalhassem em um formato uniforme. Todavia, percebemos que, em muitas organizações, alguns executivos ou gestores de

GH privilegiam um em detrimento de outros, gerando assim desníveis. Essa assimetria pode gerar subsistemas que vão desde a precariedade até o refinado. O ideal é que exista um equilíbrio e que todos atuem em um modelo refinado, ou seja, do operacional (micro-orientado) para o estratégico (macro-orientado). Na organização em que você trabalha, como os subsistemas são tratados? Você percebe que existe privilégio de um dos subsistemas em detrimento de outros? Se sim, quais efeitos você considera que são resultantes desse desequilíbrio? Quem é (são) o(s) responsável(eis) por esse desequilíbrio?

RESUMO

O recurso mais importante da organização não é mais o capital financeiro, a tecnologia, as máquinas, os equipamentos e as instalações, nem o seu produto ou serviço. Tudo isso é consequência de um recurso maior e mais importante: as competências essenciais. E onde elas estão localizadas? Quase sempre elas residem nas pessoas. Porém, para que as pessoas aprendam, construam e apliquem essas competências, torna-se necessário um adequado Sistema de GH.

O Sistema de GH precisa necessariamente atuar como um sistema integrado e coordenado de cinco subsistemas:

1. Subsistema de Provisão de GH.
2. Subsistema de Aplicação de GH.
3. Subsistema de Manutenção de GH.
4. Subsistema de Desenvolvimento de GH.
5. Subsistema de Monitoração de Pessoas.

Todos esses subsistemas devem funcionar como vasos comunicantes e em íntima conexão para que o sistema que os contém possa produzir sinergia e resultados excelentes.

É o Sistema de GH que permite transformar uma organização tradicional e baseada em recursos (financeiros, físicos, materiais etc.) em uma organização focada no futuro e baseada em competências essenciais para o seu sucesso. Essa passagem do físico e do tangível para o invisível, o intangível e o virtual está marcando fortemente a GH como um componente estratégico nas organizações atuais.

TÓPICOS PRINCIPAIS

Era do conhecimento	Competitividade	Era Digital
Competência organizacional	Era Industrial	Competência funcional
Subsistema de provisão	Competência gerencial	Subsistema de aplicação
Competência individual	Subsistema de manutenção	DNA organizacional
Subsistema de desenvolvimento	Competências essenciais	Subsistema de monitoração

QUESTÕES PARA DISCUSSÃO

1. Explique por que a GH moderna é contingencial e situacional.
2. Quais aspectos diferenciam os trabalhadores da Era Industrial dos trabalhadores da Era Digital?
3. Leia a frase e, em seguida, responda.
   "[...] as pessoas deixam de ser o desafio tradicional para tornar-se a vantagem competitiva das organizações [...]."
   Qual o papel da GH moderna nessa transformação?
4. Explique os cinco subsistemas da GH.
5. Os subsistemas da GH são independentes? Justifique sua resposta.
6. Quando um subsistema muda, os demais também mudam? Justifique sua resposta.
7. Explique os indicadores de eficiência e eficácia para avaliar a GH.
8. Explique o conceito de conjunto integrado de competências.
9. Ao observarmos a Figura 1.6, podemos afirmar que, em ordem descendente, as competências possuem um caráter que vai do estratégico para o operacional? Justifique sua resposta.

REFERÊNCIAS

1. CHIAVENATO, I. *Recursos Humanos*: o capital humano das organizações. 11. ed. São Paulo: Atlas, 2020.
2. KAPLAN; R. S.; NORTON, D. P. *Organização orientada para a estratégia*: como as empresas que adotam o Balanced Scorecard prosperam no novo ambiente de negócios. Rio de Janeiro: Campus, 2001.

2 SUBSISTEMA DE DESENVOLVIMENTO DO TALENTO HUMANO: DESENVOLVENDO TALENTOS E CRIANDO COMPETÊNCIAS

OBJETIVOS DE APRENDIZAGEM

- Definir o conceito de aprendizagem.
- Compreender como as pessoas, as equipes e as organizações aprendem.
- Descrever os princípios e os tipos de aprendizagem.
- Explicar as diferenças entre uma organização tradicional e uma organização exponencial.
- Compreender as diferenças de desenvolvimento do talento humano entre uma organização tradicional e uma exponencial.
- Descrever as etapas do Subsistema de Desenvolvimento de Pessoas.

O QUE VEREMOS ADIANTE

- Áreas de desenvolvimento humano.
- Aprendizagem.
- Avaliação do Subsistema de Desenvolvimento de Pessoas.
- As etapas do Subsistema de Desenvolvimento de Pessoas.

CASO INTRODUTÓRIO
Laboratórios Q.Saúde Ltda.

Empresa tradicional do segmento de Medicina Diagnóstica, destina anualmente 4% de seu *budget* para a área de Gestão Humana (GH) investir em treinamentos e desenvolvimento dos funcionários. Todos os anos, entre os meses de outubro e novembro, a GH pergunta para os gestores quais funcionários deverão ser considerados para os desenvolvimentos internos e externos. O papel da GH é efetuar a matrícula desses funcionários, ficando a cargo do gestor solicitante fazer o acompanhamento junto aos seus colaboradores. Os solicitantes, por sua vez, verificam basicamente itens operacionais, por exemplo, a frequência do colaborador no treinamento. Ultimamente, porém, esse modelo já não tem atendido às necessidades da Q.Saúde, haja vista que o aprendizado não tem sido obtido como se esperava. Jonas, responsável pela área de Desenvolvimento Humano da empresa, precisa de orientações. Como você pode ajudá-lo?

INTRODUÇÃO

Desenvolva as pessoas e elas desenvolverão a organização. O crescimento individual conduz ao crescimento das equipes; este, ao crescimento das áreas funcionais e, então, ao crescimento da organização como um todo. Estamos falando de crescimento intangível, aquele que não se pode visualizar com facilidade, porque constitui o núcleo invisível do crescimento organizacional tangível. As organizações bem-sucedidas estão migrando do investimento em recursos tangíveis para o investimento em recursos intangíveis, pois esse produz os melhores retornos e resultados concretos.

As pessoas constituem o recurso inteligente, vivo e dinâmico das organizações. Entre os vários recursos organizacionais, elas destacam-se por ser o ativo vivo e inteligente, por seu caráter eminentemente dinâmico e pelo seu incrível potencial de desenvolvimento. As pessoas têm uma enorme capacidade para aprender novas habilidades, captar informações, adquirir novos conhecimentos, modificar atitudes e comportamentos, bem como desenvolver conceitos e abstrações. E as organizações lançam mão de uma ampla variedade de meios para desenvolvê-las, agregar-lhes valor e torná-las cada vez mais capacitadas e habilitadas para o trabalho.

Aumente seus conhecimentos sobre **Psicologia Industrial e Organizacional** na seção *Saiba mais* TDRH 2.1

À medida que os conceitos de Administração e organização mudam, também mudam os conceitos de Treinamento e Desenvolvimento de talentos (T&D). Para compreender e lidar com o comportamento das pessoas, a abordagem mais adequada é tratar a organização como um sistema social, em vez de um sistema mecânico de habilidades técnicas dirigido por regras racionais. Os fatores que influenciam o desempenho e a eficácia da organização incluem não apenas as habilidades e as competências individuais ou os métodos e os processos de trabalho, mas também o funcionamento global da organização como um sistema integrado de partes interdependentes e interagentes. Algumas características que influenciam o desempenho das pessoas envolvem a qualidade da comunicação em todas as direções, a clareza e a aceitação dos objetivos individuais e organizacionais, a cooperação entre unidades lateralmente dispostas, o alto nível de confiança recíproca, a distribuição e o uso do poder, a eficácia na resolução de conflitos intraorganizacionais e a rápida adaptabilidade à mudança. Esses aspectos influenciam as organizações na focalização dos esforços de treinamento nas áreas de habilidades e competências que têm a ver com relações humanas eficazes e com o trabalho colaborativo em equipe. Por outro lado, as organizações estão se confrontando com novas e mutáveis condições ambientais e tecnológicas. Para aumentar a eficácia humana nas organizações, torna-se necessário intervir no nível sistêmico por meio de abordagens educacionais mais intensas. Muitas noções importadas da Psicologia Social e Organizacional, como modificação de atitudes, mudança social, técnicas de dinâmica de grupo, aconselhamento, habilidades de agente de mudança e de consultoria de mudanças (*coaching* e *mentoring*) constituem o núcleo do processo de mudança organizacional. São técnicas disponíveis para o T&D. Os conceitos de Desenvolvimento Organizacional (DO), pesquisa de ação, renovação organizacional, mudança planejada etc. denotam esforços específicos de mudança e de renovação organizacional. Em um mundo onde tudo muda rápida e intensamente, as organizações também precisam aprender a mudar e a se renovar e reinventar continuamente. E isso envolve gente. O primeiro passo é fazer com que as pessoas aprendam a aprender a fim de aprenderem a mudar. E isso é o começo de tudo.

2.1 ÁREAS DE DESENVOLVIMENTO DO TALENTO HUMANO

Existe uma ampla variedade de meios dos quais as organizações podem lançar mão para desenvolver seus talentos: treinamento, desenvolvimento de talentos, desenvolvimento de equipes e DO.

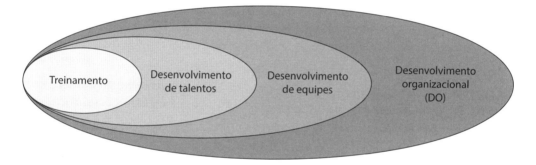

Figura 2.1 Estratos de treinamento, desenvolvimento de talentos, desenvolvimento de equipes e DO.

Essa divisão prática dos quatro estratos deve-se ao fato de que os estratos menores, como T&D, baseiam-se na chamada Psicologia Industrial, enquanto os estratos mais amplos do desenvolvimento de equipes e do DO se baseiam na Psicologia Organizacional. Em outras palavras, os dois primeiros estratos tratam da aprendizagem em nível individual, enquanto os outros estratos mais amplos e abrangentes discorrem sobre como as equipes e as organizações aprendem e se desenvolvem. A aprendizagem constitui o alicerce de tudo o que veremos adiante, seja a aprendizagem individual, seja a aprendizagem coletiva e a organizacional: como as pessoas aprendem e como as equipes e as organizações aprendem. E isso nos leva a sete características:[1]

- Ênfase nos agrupamentos suborganizacionais interdependentes – como unidades de trabalho, equipes, níveis gerenciais, comunidades de prática ou de interação – em vez da ênfase no foco sobre indivíduos como objeto de treinamento. O desenvolvimento de equipes é um dos principais componentes do processo de mudança organizacional. E o *empowerment*[2] de equipes constitui quase sempre o meio preferido.

- A abordagem da mudança é orgânica e sistêmica. Procura estabelecer um clima em que o crescimento, o desenvolvimento e a renovação predominam naturalmente sobre as operações diárias e rotineiras da organização.
- Utilização de técnicas experimentais de aprendizagem, como *role-playing*, solução de problemas, exercícios, grupos T, em conjunto com os métodos tradicionais de leitura. As matérias incluem não apenas problemas reais e eventos que existem na organização e frequentemente nos próprios grupos de treinamento, mas também casos hipotéticos e exemplos. Muitas vezes, incluem também obtenção, análise e discussão de dados da organização, formal ou informalmente.
- Ênfase colocada mais sobre a competência nas relações interpessoais do que em habilidades individuais nas tarefas isoladas. O conteúdo e o método são baseados mais nas ciências do comportamento do que na teoria administrativa ou na pesquisa operacional, embora essas sejam também incluídas no programa.
- Objetivos relacionados com o desenvolvimento de competências em áreas como comunicação, tomada de decisão e solução de problemas, em conjunto com a compreensão e a retenção de princípios e teorias. O treinador ou instrutor funciona mais como um consultor ou agente de mudança do que como um professor.
- O sistema de valores é humanístico. Está voltado para a integração das necessidades individuais e dos objetivos organizacionais, maximizando oportunidades para o crescimento e o desenvolvimento humano e encorajando relações humanas mais abertas e autênticas.
- Maior intenção em ajudar a remediar limitações ou disfunções dos conceitos tradicionais estruturais-funcionais de organização com novos dados do que em simplesmente criticar esses conceitos.

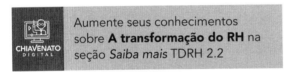

Aumente seus conhecimentos sobre **A transformação do RH** na seção *Saiba mais* TDRH 2.2

Quadro 2.1 Características do treinamento específico e genérico de vendedores[3]

Treinamento específico é:	Treinamento específico é:
Definido: mostra como vender um produto ou linha de produtos aos atuais consumidores	**Vago**: consiste em exposições verbais de determinadas leis da Lógica ou da Psicologia
Prático: focaliza métodos que provocam aumento direto e rápido das vendas	**Educacional**: procura melhorar a mentalidade do vendedor do que propriamente a lhe mostrar como vender produtos específicos a consumidores específicos
Real: porque lida com fatos autênticos e casos enfrentados pelos vendedores em seu trabalho cotidiano	**Irreal**: porque é amplo e nunca focaliza os atuais problemas de vendas
Ativador: estimula o vendedor a utilizar seus próprios recursos pessoais, como raciocínio, pontos fortes e força de vontade	**Chato**: enquanto o treinamento progride, desencoraja a ação vigorosa e orientada para resultados

2.2 APRENDIZAGEM

Os psicólogos têm discutido amplamente sobre o que representa a personalidade humana e qual é o fator que se considera mais importante em sua constituição: o fator hereditariedade (genético) ou o fator ambiental (aprendizagem). É a velha discussão entre aspectos genotípicos e aspectos fenotípicos da personalidade humana. Isto é, a bagagem genética com que nascemos ou tudo o que aprendemos e incorporamos do ambiente a essa bagagem no decorrer de nossas vidas. Do ponto de vista psicológico, o ser humano inicia sua vida com determinadas características mentais hereditárias (instintos e impulsos biológicos) que são transmitidas geneticamente. Essas características ao longo da vida vão sendo progressivamente controladas e modificadas com as experiências aprendidas, de forma que a personalidade vai se completando e se desenvolvendo de maneira contínua e gradativa. Os meios pelos quais as necessidades primárias (fisiológicas e instintivas) são satisfeitas são, em sua maioria, aprendidos e incorporados ao comportamento cotidiano. A maneira pela qual um indivíduo se ajusta às situações, às suas frustrações e resolve seus conflitos geralmente é aprendida e lapidada ao longo do tempo. Os interesses, as atitudes, as motivações e as expectativas são fortemente influenciados pela aprendizagem frente às situações enfrentadas. As competências pessoais e organizacionais são construídas a partir da aprendizagem individual ou coletiva.

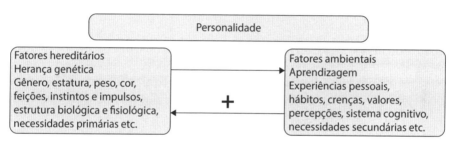

Figura 2.2 Fatores hereditários e ambientais na formação da personalidade humana.

A aprendizagem é o processo pelo qual as pessoas adquirem conhecimento sobre seu meio ambiente e suas relações no decorrer de suas vidas. Como resultado da sua experiência de vida, ocorrem conexões no cérebro que permitem à pessoa formas de associação entre os eventos do mundo a seu redor ou entre os eventos e a consequência que afeta a pessoa. O aprendizado acontece quando ocorre mudança de comportamento da pessoa em resposta a uma nova experiência. A aprendizagem não é propriedade exclusiva do ser humano, pois ocorre até nos protozoários e pode abranger desde respostas simples – como aversão a estímulos negativos ou nocivos – até o complicado sistema de comunicação do ser humano. É a aprendizagem que nos torna melhores a cada dia, ao sabermos empregá-la devidamente.

 Aumente seus conhecimentos sobre **Perspectivas sobre a aprendizagem** na seção *Saiba mais* TDRH 2.3

A aprendizagem é um processo complexo influenciado por inúmeras condições:[4]

- **A aprendizagem obedece à lei do efeito**: a pessoa tende a manter um comportamento que percebe ser recompensador ou que produza algum efeito, e tende a descontinuar um comportamento que não lhe traz nenhuma recompensa. Graças à lei do efeito, a pessoa tende a repetir o comportamento que produz resultados ou efeitos positivos e a eliminar o comportamento que não corresponde às expectativas. Se um comportamento não é satisfatório, a pessoa certamente o substituirá por outro. A recompensa afeta a aprendizagem, reforçando-a positivamente. Uma recompensa obtida imediatamente produz aprendizagem mais rápida do que uma recompensa retardada ou demorada no tempo. Para aprender e manter o novo comportamento, a pessoa precisa perceber alguma recompensa imediata e constante.

- **A aprendizagem obedece à lei do estímulo**: os estímulos, incentivos ou recompensas são importantes na aprendizagem. Os estímulos repetidos tendem a desenvolver padrões estáveis de comportamento, enquanto estímulos não frequentes ou raros tendem a ser respondidos com maior variação. A recompensa estimula a aprendizagem. Se a recompensa é grande, a aprendizagem tende a ser mais rápida e efetiva. Porém, se a recompensa é pequena, ela não consegue atrair e reter a atenção da pessoa. Para aprender, a pessoa precisa perceber que o novo comportamento será recompensador. Por outro lado, é necessário que aquilo que foi aprendido seja cobrado repetidamente.

- **A aprendizagem obedece à lei da intensidade**: a intensidade dos exercícios e das práticas determina a aprendizagem. Se os exercícios, treinos e práticas forem intensos, a aprendizagem tende a ser mais rápida e efetiva. Mas se a intensidade da prática for pequena ou se a aprendizagem for muito superficial e rápida, a pessoa não conseguirá reter aquilo que aprendeu.

- **A aprendizagem obedece à lei da frequência**: a frequência das práticas e exercícios tende a servir de reforço para a aprendizagem. Para aprender, a pessoa precisa reter o novo comportamento por meio de seu exercício frequente. Se algo foi aprendido e nunca mais exercitado ou lembrado, ocorrerá o esquecimento. Para haver retenção, é necessário que haja frequência nas práticas e nos exercícios.

- **A aprendizagem obedece à lei da recentidade**: o espaço de tempo entre a aprendizagem e o desempenho é muito importante. Se as práticas e os exercícios não são frequentes, a aprendizagem cede lugar ao esquecimento. Para aprender e manter o novo comportamento, a pessoa precisa exercitá-lo com frequência e constância, para haver recentidade entre o aprendido e o efetivo desempenho.

- **A aprendizagem obedece à lei do descongelamento**: aprender algo novo significa esquecer algo velho. Sempre ocorre alguma dificuldade de desaprender velhos padrões de comportamento que deverão ser substituídos e que conflitam com os novos padrões. São necessárias três condições para que essa substituição ocorra: tempo, operação diferente e um novo ambiente. Essas três condições deverão ser aliadas a recompensas maiores para levar a pessoa a desaprender coisas velhas e adquirir novas. Descongelar experiências e hábitos antigos significa desaprendê-los para substituí-los por novas experiências e novos hábitos.

- **A aprendizagem obedece à lei da complexidade crescente**: a aprendizagem é afetada pelo esforço exigido para produzir a resposta. Algumas respostas são mais difíceis e complexas do que outras. Se a pessoa deve aprender tarefas complexas, o processo de aprendizagem deve começar pelos aspectos mais simples, mais imediatos e concretos e, paulatinamente, caminhar para os aspectos mais complexos, mediatos e abstratos. Da simplicidade para a complexidade, do imediato para o mediato e do concreto para o abstrato. Esse é o melhor caminho.

Quadro 2.2 Alguns princípios de aprendizagem

- **Autoavaliação**: a pessoa deve acompanhar os resultados de seu desempenho para poder avaliá-lo. A retroação (*feedback*) é essencial para a autoavaliação.
- **Motivação**: a pessoa aprende melhor quando está motivada para aprender. Se a pessoa não tem interesse no assunto, a aprendizagem dificilmente ocorrerá.
- **Recompensa e punição**: a aprendizagem é profundamente influenciada pela recompensa e pela punição. Os resultados da aprendizagem funcionam como retroação positiva ou negativa.
- **Assimilação**: a distribuição dos períodos de aprendizagem deve considerar a fadiga, a monotonia e os períodos adequados para a assimilação do material a aprender.
- **Prática**: o exercício e a prática são indispensáveis para facilitar a aprendizagem e a retenção de habilidades.
- **Técnicas adotadas**: a aprendizagem eficiente depende da utilização de técnicas instrucionais adequadas. Essas técnicas variam conforme o tipo de material a ser aprendido: vão desde a apresentação verbal até as técnicas de aquisição de habilidades motoras.
- **Diferenças individuais**: a aprendizagem depende da aptidão e das capacidades de cada pessoa.

Se todas essas condições forem levadas em consideração, a aprendizagem ocorrerá melhor e mais efetivamente: produzir efeito, estimular com recompensa imediata, intensificar as práticas e torná-las frequentes e constantes para garantir a recentidade daquilo que foi aprendido, descongelar velhos paradigmas e padrões de comportamento, bem como levar em conta o caráter de complexidade crescente do material a ser aprendido. Seja em um programa de mudança comportamental individual, coletiva ou de mudança organizacional, todos esses aspectos são fundamentais quando se pretende mudar alguma coisa. É a aprendizagem que tonifica e garante as mudanças, sejam elas individuais, sejam elas organizacionais.

Aumente seus conhecimentos sobre **Como melhorar a aprendizagem** na seção *Saiba mais* TDRH 2.4

Além disso, é importante considerar alguns outros aspectos que influenciam a aprendizagem:

- **Fadiga e monotonia**: são os dois maiores inimigos da aprendizagem. A fadiga geralmente resulta quando a aprendizagem requer esforço físico ou mental prolongado e sem pausas para descanso. A monotonia resulta geralmente de sessões mal preparadas ou muito extensas, ainda que interessantes. A programação de treinamento deve ser feita no sentido de reduzir a fadiga e a monotonia ao mínimo.
- **Volume do material de treinamento**: deve ser programado de acordo com os diferentes tipos de treinamento a fim de manter a dosagem adequada a cada aprendiz.
- **Tempo entre as sessões de aprendizagem**: quando muito longo, aumenta as probabilidades de esquecimento e, portanto, o tempo necessário à adequada aprendizagem. O intervalo entre as sessões de treinamento deve ser suficiente para o descanso do corpo e da mente.
- **Períodos de descanso durante o treinamento**: são importantes. Na aprendizagem de habilidades físicas, os períodos de descanso permitem o relaxamento dos músculos e dos nervos. Na aprendizagem de material complicado que exige atenção concentrada, os

intervalos de descanso removem as tensões que bloqueiam mentalmente a aprendizagem. Para materiais complexos – especialmente aqueles que envolvem aprendizagem de ideias e de princípios –, o melhor procedimento é utilizar períodos longos de aprendizagem (uma e meia a três horas) seguidos por pequenas sessões de treinamento espaçadas por alguns dias ou semanas. A aprendizagem de habilidades físicas difíceis parece ser facilitada por curtas sessões de treinamento espaçadas por algumas horas ou dias e seguidas por uma longa sessão de treinamento.

- **Do ponto de vista do aprendiz**: existem três fatores que determinam seu progresso na aprendizagem: quantidade, familiaridade e significância do material a aprender. Tempo suficiente deve ser destinado à aprendizagem de determinada quantidade de material. Pode-se determiná-lo por meio da verificação da curva de aprendizagem de diversas outras pessoas e utilizar essa experiência como guia. A aprendizagem é aumentada quando o aprendiz está familiarizado com o material e ainda quando o material tem certo significado para ele.

- **Motivação do aprendiz**: é fundamental para garantir o interesse e a persistência do aprendiz. Pode-se oferecer ao aprendiz toda sorte de conteúdos, mas se ele não tiver interesse e motivação, dificilmente aprenderá alguma coisa. O primeiro passo está em incentivar o interesse do aprendiz pelo assunto e criar nele uma necessidade de aprender com o objetivo de se desenvolver pessoalmente.

Aumente seus conhecimentos sobre **A força da aprendizagem** na seção *Saiba mais* TDRH 2.5

Cada pessoa tem o seu tipo de aprendizagem, que depende de seu tipo de inteligência.

Quadro 2.3 Tipos de aprendizagem[5]

Aprendizagem visual	Aprendizagem auditiva	Aprendizagem cinestésica
- Preferência por símbolos, diferentes formados e cores, para enfatizar pontos importantes - Gosto por desenhos	- Preferência por informações faladas, usando perguntas como parte importante da aprendizagem - Gosto por discussão sobre o que se vivencia	- Preferência por vivenciar conceitos na prática com atividades na vida real - Gosto por envolver o toque nos afazeres
- Formatos diferentes, espaço, gráficos, diagramas e mapas	- Ouvir, discutir, conversar, questionar, falar, explicar	- Exercícios, atividades práticas, sentidos, tentativas, experiências
- Artes, arquitetura, fotografia, *design*, filmagem, navegação	- Música, composição, canto, *mixing*, audiovisual	- Construção, mecânica, dança, esportes, trabalhos manuais
- Usar imagens, cores, sublinhar, grafar	- Música, sons, rimas, acrósticos, conteúdos, ideias, estudar em voz alta	- Visitas de campo, movimentos, simulações e exemplos reais envolvendo todos os sentidos

Capítulo 2 – Subsistema de Desenvolvimento do Talento Humano

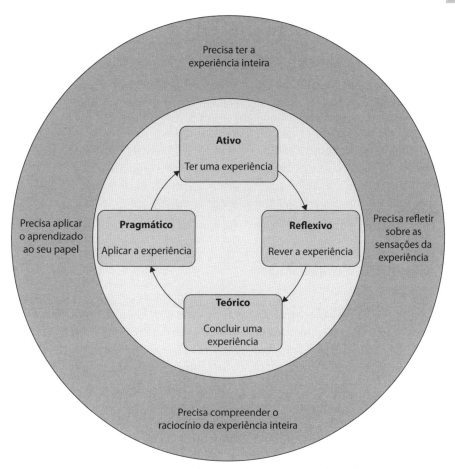

Figura 2.3 Os tipos de aprendizagem segundo Kolb.[6]

Quadro 2.4 Os tipos de aprendizagem segundo Kolb

Experiência concreta Escolhe É receptivo Sente Aceita a situação Utiliza intuição Prefere abstração Orientação para o presente Apoio na experiência Concentração	**Observação reflexiva** Experimento Esforço para coerência Observação Corre riscos Obtém resultados Prefere observação Reflexivo Reservado
Conceitualização abstrata Envolvimento Análise Pensa Avalia a situação Usa a lógica Prefere coisas concretas Projeta no futuro Concentra Racionaliza	**Experimentação ativa** Prático Imparcial Age Presta atenção Questiona Prefere ação Pragmático Experimenta Responsabiliza-se

VOLTANDO AO CASO INTRODUTÓRIO
Laboratórios Q.Saúde Ltda.

Com o objetivo de sair de um modelo operacional e tradicional, Jonas decidiu reunir os gestores da Q.Saúde, a fim de delinear em conjunto um plano de desenvolvimento humano, com foco no aprendizado. Jonas quer definir ações estratégicas para cada tipo de aprendizagem. Para tanto, seus gestores devem saber quando é necessária a realização de um treinamento individual e específico; um desenvolvimento de talentos ou equipe e até mesmo um possível desenvolvimento organizacional. Outro desafio é orientar os gestores a analisar os resultados que os desenvolvimentos devem apresentar nos funcionários, principalmente se for voltado para as *softskills*. Como você ajudaria Jonas nesse desafio?

2.2.1 Memorização e esquecimento

O que se aprende pode ser facilmente esquecido. A retenção da aprendizagem requer que os conhecimentos e habilidades aprendidos sejam constantemente praticados e utilizados ao longo do tempo. Boa parte do que aprendemos é esquecida devido à não utilização. Cai no esquecimento. Isso se refere a habilidades motoras (como digitação, piano ou natação), a línguas (como o inglês e o espanhol) ou símbolos (como o solfejo no pentagrama da música).

Se não há capacidade geral para aprender, também não haverá capacidade geral de memorização. Pesquisas têm demonstrado que cada pessoa utiliza diferentes tipos de memória para diferentes espécies de material. Cada pessoa memoriza melhor o material que lhe é mais significativo e relevante. E o que aprende lentamente apresenta menor retenção e memorização do que aquilo que aprende rapidamente.

O esquecimento é influenciado por muitos fatores, entre os quais:

- O tipo de atividade executada após o treinamento.
- A significância do material aprendido.
- A extensão de tempo com que o material foi aprendido.
- O intervalo de tempo entre a aprendizagem e a recordação.
- A motivação e a habilidade do aprendiz.

No fundo, o importante é melhorar a aprendizagem das pessoas. Fazê-las aprender a aprender.

Quadro 2.5 Características do ensino convencional e do ensino inovador

Características	Ensino convencional	Ensino inovador
▪ Formação educacional	▪ É desvinculada da atividade profissional	▪ Relacionada com a atividade profissional
▪ Programas educacionais	▪ São compartimentados e independentes	▪ Coordenados e/ou integrados

(continua)

(continuação)

Características	Ensino convencional	Ensino inovador
■ Esquema de ensino – metodologia didática – programação curricular	■ Rígido	■ Flexível
■ Tempo de aprendizagem	■ Fixo	■ Variável
■ Resultado de aprendizagem	■ Variável	■ Fixo
■ Agente ativo	■ Professor	■ Aluno
■ Atitude do aluno	■ Passiva	■ Ativa
■ Técnica didática predominante	■ Expositiva	■ Autoinstrução
■ Papel do professor	■ Principal fonte de informações	■ Orienta o aluno na obtenção, na análise, na avaliação e na síntese das informações
■ Homem aceito como	■ Receptor de informações	■ Processador de informações
■ Material instrucional	■ Limitado ao professor e ao livro	■ Total diversificação: livro, instrução programada, dispositivos, vídeos, filmes, computador, multimídia, reuniões em vídeo

A aprendizagem é cada vez mais considerada uma função social. Daí a ênfase em grupos e equipes como meios para incentivá-la. A sólida pesquisa sobre aprendizagem baseada em neurociência, psicologia, sociologia e pedagogia mostra que:[7]

- Os relacionamentos ajudam na aprendizagem, estimulando o sistema nervoso parassimpático. Grupos de estudo podem ajudar as pessoas a processar novas ideias e aprender mais do que quando trabalham sozinhas.

- Cursos de treinamento são mais eficazes quando adaptados para funções específicas em pontos de inflexão identificáveis da carreira, em vez de serem oferecidos episodicamente, de acordo com o calendário ou quando a área de GH assegura recursos para novas iniciativas de aprendizado.

- A microaprendizagem – apresentar informações em curtos intervalos de 15 a 30 minutos – é mais eficaz do que sessões mais longas. As empresas podem experimentar tecnologias digitais, como a realidade virtual ou aumentada, para tirar proveito disso. Podem também explorar outras opções digitais, como aprendizagem *on-line* autodirecionada e inteligência artificial, para tornar o fornecimento de treinamento mais flexível.

- O *big data* pode ajudar a personalizar e medir as experiências de aprendizado. Profissionais de marketing sabem a que hora do dia as pessoas abrem suas mensagens com mais frequência, por quanto tempo elas se envolvem e quais métodos as capturam mais. Cursos e programas de treinamento e desenvolvimento não deviam ser diferentes.

Estamos saindo de um modelo antigo de educação antecipada, que durou séculos, para ingressar em uma era de aprendizagem ao longo de toda a vida. Em geral, as organizações são as provedoras naturais de treinamento e de preciosas oportunidades de aprendizado contínuo para muitas pessoas. São cursos curtos e flexíveis que seguem o modelo do campo de treinamento e ensinam novas habilidades em curtos tempos ou semanas. O uso de dados para rastrear necessidades e/ou resultados será essencial para que eles possam ser canalizados para aquilo que realmente funciona e para que as pessoas possam fazer escolhas mais informadas sobre seus conteúdos e possam preparar-se continuamente para o futuro, aumentando a produtividade do seu aprendizado. O desafio é, sem dúvida, ampliar os programas mais bem-sucedidos. E o importante é que a aprendizagem conduza à informação e ao conhecimento, pois informação é poder e conhecimento é riqueza. É a aprendizagem intensiva e constante que leva as pessoas às alturas.

Aumente seus conhecimentos sobre **A trajetória do T&D** na seção *Saiba mais* TDRH 2.6

2.2.2 Necessidade de flexibilidade e agilidade

Para se manterem ativas no mercado, as organizações tradicionais precisam adotar mais do que rápidas adaptações às inovações tecnológicas que vêm causando verdadeiras disrupções nos negócios. As soluções possíveis estão mais amplas e distantes: trata-se de buscar novas metodologias ágeis de trabalho capazes de aproveitar os avanços tecnológicos e, mais do que tudo, garantir o engajamento e a satisfação das pessoas envolvidas. Ries nos dá algumas dicas: as organizações precisam deixar um pouco de lado a questão de lucro e controle do negócio a qualquer custo, para se tornar mais humanas, democráticas, rápidas, ágeis e científicas nas tomadas de decisões e alcançar flexibilidade estratégica para atingir e manter o sucesso. E para tanto, torna-se necessária uma mudança cultural, somente possível por meio de uma transformação na mentalidade para utilizar princípios e valores das metodologias ágeis – como *scrum*, *kanban* e outras – graças à aceleração exponencial das tecnologias emergentes em um mundo onde o conhecimento se multiplica em velocidade vertiginosa.[8] O Manifesto Ágil de 2001 dá uma ideia rápida dos principais valores e princípios desse poderoso movimento.

Quadro 2.6 O Manifesto Ágil de 2001 e seus valores e princípios básicos[9]

Pessoas e interações: mais que ferramentas e processos	*Software* em Funcionamento: mais que documentação abrangente	Colaboração com o cliente: mais que negociação de contratos	Responder às mudanças: mais que seguir um plano definido
Nossa maior prioridade é satisfazer o cliente por meio da entrega adiantada e contínua de valor	Processos ágeis se ajustam às mudanças para que o cliente possa tirar vantagens competitivas	Entregar produtos e serviços melhores e em períodos mais curtos e frequentes para satisfação dos clientes	Pessoas relacionadas a negócios e clientes devem trabalhar em conjunto e sempre durante todo o curso do projeto
Construir projetos ao redor de talentos motivados, dando a eles ambiente e suporte necessários e confiar que farão o trabalho	O método de transmitir informação mais eficiente e eficaz para um time ocorre por meio de uma conversa cara a cara	Produto e serviço funcional constitui a medida primária de progresso e desenvolvimento	Processos ágeis promovem um ambiente sustentável. Todos, na organização, devem manter passos constantes

(continua)

(continuação)

Pessoas e interações: mais que ferramentas e processos	Software em Funcionamento: mais que documentação abrangente	Colaboração com o cliente: mais que negociação de contratos	Responder às mudanças: mais que seguir um plano definido
Atenção constante à excelência técnica e ao ótimo *design* aumenta a flexibilidade, a rapidez e a agilidade	Simplicidade é a arte de maximizar a quantidade e a qualidade de trabalho e fugir daquele que não precisou ser feito	As melhores arquiteturas, requisitos e *designs* emergem de times auto-organizáveis e de elevado desempenho	Em intervalos regulares, o time reflete em como ficar mais eficaz. Então os membros se ajustam e otimizam seus comportamentos de acordo

 Acesse conteúdo sobre **Soft skills** na seção *Tendências em GH* 1.1

2.2.3 Organizações exponenciais

O mundo exponencial está exigindo organizações exponenciais (ExOs), que são aquelas cujos crescimento e impacto no mercado são desproporcionalmente enormes em relação às empresas tradicionais, graças à adoção de novas técnicas organizacionais que alavancam as tecnologias aceleradas. Elas são consideradas mais rápidas, ágeis e baratas do que as organizações tradicionais. Enquanto uma organização tradicional ou linear é restrita a recursos escassos, as ExOs multiplicam seu potencial por meio da abundância (como o progresso nas áreas de inteligência artificial, robótica, manufatura digital, nanomateriais, biologia sintética etc.), graças ao seu crescimento exponencial devido a tecnologias exponenciais.[10] E segundo Diamandis, as ExOs se caracterizam por seis Ds em função das novas tecnologias habilitadas para informação e que deverão expandir exponencialmente os negócios:[11]

- Digitalizadas.
- Disfarçadas.
- Disruptivas.
- Desmaterializadas.
- Desmonetizadas.
- Democratizadas.

A cola que une a empresa do tipo ExO é o propósito massivo transformador (PMT): aquilo que a organização realmente aspira a realizar e que vem acompanhado por um painel de controle – *dashboard* – monitorando se ela está evoluindo em sua exata direção. Essa orientação difere das organizações tradicionais orientadas por resultados financeiros, metas e superação de *budgets*. Aliás, as diferenças entre elas são enormes, como mostra o Quadro 2.7.

 Aumente seus conhecimentos sobre **A lei dos retornos acelerados** na seção *Saiba mais* TDRH 2.7

Quadro 2.7 Diferenças entre a organização tradicional e a ExO

Organização tradicional	Organização exponencial
■ Modelo *top-down* e hierárquico ■ Departamentos funcionais e separados ■ Centralização da autoridade ■ Posse de ativos e baixa tolerância ao risco ■ Uso intensivo de informação tradicional ■ Uso intensivo de recursos humanos ■ Orientação para resultados financeiros ■ Manutenção da posição no mercado ■ Dominação de parcela do mercado ■ Utilização de tecnologias de produção ■ Manutenção do *status quo*	■ Modelo *bottom-up* e autônomo ■ Equipes auto-organizadas e multidisciplinares ■ Descentralização e iniciativas próprias ■ Ativos compartilhados pela tecnologia de ponta ■ Uso intensivo de algoritmos de alta precisão ■ Queda exponencial de custos em todas as funções ■ Orientação para o consumidor final ■ Enorme facilidade para o crescimento ■ Ênfase na criatividade e na inovação ■ Utilização de tecnologias avançadas ■ Mudança e transformação

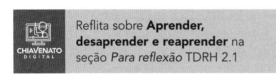

Reflita sobre **Aprender, desaprender e reaprender** na seção *Para reflexão* TDRH 2.1

Esse parece ser o caminho para o futuro organizacional que a exponenciação tecnológica está sugerindo. Um futuro radicalmente novo. E a GH precisa aproveitar essa maravilhosa oportunidade para acelerar e alavancar as mudanças organizacionais necessárias.

2.3 AVALIAÇÃO DO SUBSISTEMA DE DESENVOLVIMENTO DE PESSOAS

Os processos de desenvolvimento de pessoas podem ser avaliados conforme o *continuum* descrito na Figura 2.4, indo desde uma situação de precariedade e incipiência (canto esquerdo do *continuum*) até uma situação de desenvolvimento e sofisticação (canto direito).

Figura 2.4 *Continuum* de situações nos processos de desenvolvimento de GH.

No canto esquerdo do *continuum* anterior, o desenvolvimento de GH é:

- **Casual**: porque o treinamento ocorre aleatoriamente quando surge alguma oportunidade e sem qualquer planejamento.
- **Randômico**: porque o treinamento envolve apenas algumas poucas pessoas da organização escolhidas ao acaso.

- **Reativo**: porque o treinamento é utilizado apenas para resolver problemas e carências já existentes.
- **Tem visão de curto prazo**: porque o treinamento visa apenas solucionar os problemas atuais, sem qualquer perspectiva de longo prazo ou de futuro.
- **Baseado na imposição**: porque o treinamento é atribuído e imposto às pessoas, independentemente de sua vontade ou aspiração.
- **Caracterizado pela manutenção do *status quo***: o desenvolvimento se apoia na redução a zero dos *gaps* e ineficiências dos talentos em relação aos processos atuais da organização.
- **Caracterizado pela melhoria e pelo desenvolvimento**: todo o processo de aprendizado se baseia em uma cultura de melhoria e desenvolvimento dos processos atuais.

E no canto direito desse *continuum*, o desenvolvimento de GH é:

- **Planejado**: porque o desenvolvimento leva em consideração o planejamento estratégico da organização e lhe serve de base para preparar as pessoas para o futuro.
- **Intencional**: porque visa atingir objetivos de curto, médio e longo prazo, por meio de mudanças comportamentais que alicercem as mudanças organizacionais.
- **Proativo**: porque está voltado para a frente, para o futuro e para o destino da organização e das pessoas que nela trabalham.
- **Tem visão de longo prazo**: porque se sintoniza com o planejamento estratégico e está voltado para mudanças definitivas e globais.
- **Baseado no consenso**: porque não é imposto obrigatoriamente de cima para baixo, mas na consulta e nas aspirações e desejos das pessoas.
- **Caracterizado pela flexibilidade e pela agilidade**: por que busca a adequação moldável, fácil e rápida da organização aos exigentes requisitos ambientais e tecnológicos do seu entorno.
- **Caracterizado pela mudança e pela transformação**: por que visa à preparação da organização para enfrentar os desafios exponenciais da Quarta Revolução Industrial, que vem a todo vapor.

O desafio atual e futuro está na migração definitiva das organizações para o canto direito da Figura 2.4. Frente a ela, que nota você daria para o atual desenvolvimento de GH de sua organização?

2.4 ETAPAS DO SUBSISTEMA DE DESENVOLVIMENTO DE PESSOAS

Tudo deve ter início, meio e fim. Desenvolver e capacitar talentos não é certamente um fim, mas o começo de uma longa jornada para alcançar uma finalidade. E tal finalidade nunca está no desenvolvimento em si, mas nos resultados que o desenvolvimento provoca nos talentos, nas organizações e na sociedade como um todo. Treinar apenas por treinar constitui uma abordagem limitada e míope. O importante é treinar e desenvolver para que os talentos possam contribuir com o máximo de suas potencialidades. Em resumo, o Subsistema de Desenvolvimento de Pessoas passa necessariamente por cinco etapas:

1. **Transformar pessoas em talentos**: muitas organizações possuem muitas pessoas, mas pouquíssimos talentos. Talentos são pessoas dotadas de competências que agregam valor à organização, ao cliente e a elas mesmas. Transformar pessoas em talentos exige uma complexidade de esforços, envolvendo toda a organização, seu presidente, seus diretores, gerentes e todos os colaboradores que nela trabalham.
2. **Transformar talentos em capital humano**: talento se parece com uma semente que floresce e se desenvolve apenas quando plantada em terreno adequado e fértil. Para que os talentos consigam se traduzir em capital humano, eles precisam necessariamente trabalhar em um contexto organizacional que lhes dê apoio, suporte, engajamento, motivação, liberdade, autonomia e responsabilidade. O contexto organizacional adequado para transformar talentos em capital humano se caracteriza por uma estrutura organizacional flexível e integradora, por uma cultura organizacional participativa e empreendedora e por um estilo de gestão baseado na liderança, no *coaching* e no *mentoring*.
3. **Transformar capital humano em capital intelectual**: para que o capital humano possa integrar o capital intelectual, ele precisa ser compartilhado por dois aspectos concomitantemente: o capital interno e o capital externo, ambos intangíveis, mas poderosamente valorizados. É o capital humano que permite catalisar e integralizar o capital interno e o capital externo da organização para constituir o capital intelectual.
4. **Transformar capital intelectual em resultados tangíveis para a organização**: o capital intelectual precisa ser transformado em resultados tangíveis para a organização. Sem isso, ele tem pouca valia. Contudo, isso depende da maneira como cada organização utiliza seus ativos intangíveis para capturar valor como retorno de todo o seu investimento.
5. **Entregar valor a todos os públicos estratégicos da organização**: para ser competitiva e sustentável, a organização deve distribuir parte substancial do valor capturado a todos os seus *stakeholders* como reciprocidade e retorno do investimento que fizeram na organização.

Figura 2.5 As etapas do desenvolvimento das pessoas.

É o que veremos na continuidade deste livro. Contudo, o Subsistema de Desenvolvimento de Pessoas não pode funcionar sozinho, como se fosse algo absoluto, isolado, solitário, autônomo e independente. Ele requer necessariamente a presença e o compartilhamento de outros subsistemas da GH:

- Subsistema de Provisão de Gestão Humana.
- Subsistema de Aplicação de Gestão Humana.
- Subsistema de Manutenção de Gestão Humana.
- Subsistema de Monitoração de Gestão Humana.

Na verdade, todos esses subsistemas precisam funcionar em uma totalidade, como se fossem vasos comunicantes para proporcionar sinergia e resultados holísticos alavancados.[12]

VOLTANDO AO CASO INTRODUTÓRIO
Laboratórios Q.Saúde Ltda.

Jonas sabe que mudar o modelo de gestão tradicional da Q.Saúde para um modelo com princípios de empresas exponenciais depende de uma mudança de cultura, o que demanda tempo. Todavia, ele precisa atuar na área de Desenvolvimento Humano, para que possa flexibilizar os processos, a fim de que a empresa ganhe longevidade. Isso somente ocorrerá com profissionais capacitados e com uma GH atuante no desenvolvimento contínuo das pessoas, saindo de uma situação de precariedade para uma alavancagem no processo de desenvolvimento de pessoas. Como você pode ajudar Jonas?

RESUMO

O Subsistema de Desenvolvimento de GH deve levar em conta que não se trata apenas de ensinar e transmitir, mas, sobretudo, de aprender e aplicar novos conhecimentos, habilidades, julgamento e atitudes para chegar com sucesso às competências necessárias. Deve ser um duplo processo de entregar e de receber, de investir e de retorno do investimento feito. E não se trata apenas de "empurrar" o processo de desenvolvimento para a frente, mas também, e principalmente, de "puxar" da frente para trás, a fim de produzir e oferecer a necessária retroação (*feedback*) – seja positiva, seja negativa – para ajustar continuamente a dosagem adequada e garantir seu sucesso na aplicação de novas habilidades e competências necessárias à construção de vantagens competitivas da organização.

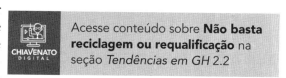

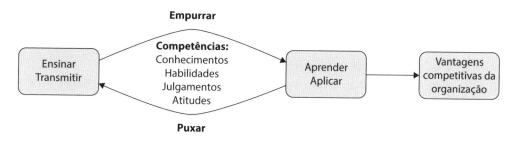

Figura 2.6 Uma ação de duas mãos simultâneas.

Assim, é indispensável entender como ocorre a aprendizagem ao nível individual, grupal e organizacional para se tirar o maior proveito dela. Além disso, não se trata apenas de preparar as pessoas para ocupar um cargo ou executar uma determinada atividade ou operação. Isso é pouco. Trata-se de um empreendimento muito maior e absolutamente estratégico.

Em primeiro lugar, transformar as pessoas em talentos, o que conduz a uma continuada e enorme robustez ao desempenho individual. Em segundo lugar, transformar gradativamente os talentos da organização em capital humano. Isso se obtém graças à sinergia adquirida entre arquitetura organizacional, cultura organizacional e estilo de gestão das lideranças para proporcionar um ecossistema envolvente propício para que os talentos se tornem um poderoso ativo organizacional. Em terceiro lugar, transformar o enorme potencial do capital humano em capital intelectual, aquele ativo intangível que define e aumenta valiosamente o valor de mercado de uma empresa. Em quarto lugar, transformar o capital intelectual em resultados tangíveis na forma de lucratividade, valor agregado, valor de mercado, crescimento organizacional, imagem e reputação. E, finalmente, entregar valor e resultados a todos os públicos estratégicos (*stakeholders*) do negócio como forma de retribuição e retorno dos seus investimentos no negócio. Um ciclo virtuoso de inversões e de retornos para garantir fidelização e satisfação de todos eles e a sustentabilidade do negócio ao longo do futuro. Todos, sem exceção, saem ganhando desse valioso empreendimento coletivo. Afinal, quando bem administrada, toda organização constitui uma incrível e poderosa geradora de valor e de riqueza.

TÓPICOS PRINCIPAIS

Aprendizagem	Empresas exponenciais
Tipos de aprendizagem	Os tipos de inteligência e a aprendizagem
Subsistema de Desenvolvimento Humano	Os princípios da aprendizagem
O ensino convencional	Áreas do Desenvolvimento Humano
O ensino inovador	Os influenciadores da aprendizagem

QUESTÕES PARA DISCUSSÃO

1. Explique cada uma das áreas de desenvolvimento do talento humano.
2. Explique o que é e quando ocorre o aprendizado.
3. Como as pessoas, as equipes e as organizações aprendem?
4. Quais são os princípios da aprendizagem?
5. Explique os tipos de aprendizagem, segundo Kolb.
6. A aprendizagem de um indivíduo depende somente de sua personalidade e de sua genética? Justifique.
7. Quais ações você adotaria para mitigar o esquecimento no processo de aprendizagem?
8. Quais as principais diferenças entre uma organização tradicional e uma organização exponencial?
9. Como uma organização do tipo exponencial atua para o aprendizado de suas pessoas?
10. Selecione cinco características de uma organização tradicional e compare-as com a organização exponencial, explicando cada uma delas.
11. Explique as etapas do processo do Subsistema de Desenvolvimento de Pessoas.

REFERÊNCIAS

1. EDDY, W. B. From training to organization change. *In*: DAVIS, K. *Organizational behavior*: a book of readings. New York: McGraw-Hill, 1974. p. 178-199.
2. *Empowerment* significa o fortalecimento das equipes e das pessoas por meio da atribuição de maior autoridade e responsabilidade aos seus membros, comprometimento em relação ao alcance de metas e recompensas pelos resultados alcançados.
3. LOUGH, W. H. Selecting and training salesman. *In*: SIMMONS, H. (org.). *Sales executives handbook*. Englewood Cliffs: Prentice Hall, 1956. p. 344.
4. LOUGH, W. H. Selecting and training salesman. *In*: SIMMONS, H. (org.). *Sales executives handbook*. Englewood Cliffs: Prentice Hall, 1956. p. 344.
5. Adaptado de: *blog* de Henrique Carvalho. *Vide*: www.viverdeblog.com/materiais-educativos/estilos-de-aprendizagem/. Acesso em: 20 jun. 2021.
6. KOLB, D. A. *Experiential learning*. Englewood Cliffs, NJ: Prentice Hall, 1984.
7. DAVIES, B.; DIEMAND, Y., VAN DAM, N. Competitive advantage with a human dimension from lifelong learning to lifelong employability. *McKinsey Quarterly*, Feb. 2019. *Vide*: www.mckinsey.com/feature-insights/future-of-work/competitive-advantage-with-a-human-dimension-from-lifelong-learning-to-lifelong-employability.
8. RIES, E. *The lean startup*: how constant innovation creates radically successful businesses. New York: Currency, 2011.

    Vide RIES, E. *A startup enxuta*: como usar a inovação contínua para criar negócios radicalmente bem-sucedidos. São Paulo: Sextante, 2019.
9. Extraído de: BRITO, M. Estratégia ágil na Administração 4.0. *ADM PRO*, Administrador Profissional, São Paulo, Conselho Regional de Administração de São Paulo, CRA-SP, ano 42, n. 391, nov./dez. 2019. p. 17.
10. DIAMANDIS, P. H.; KOTLER, S. *Abundância*: o futuro é melhor do que você imagina. Rio de Janeiro: Alta Books, 2018.
11. ISMAIL, S.; MALONE, M.; GEEST, Y.; DIAMANDIS, P. H. *Organizações exponenciais*: por que elas são 10 vezes melhores, mais rápidas e mais baratas que a sua (e o que fazer a respeito). São Paulo: HSM Editora, 2015.
12. CHIAVENATO, I.; CERQUEIRA NETO, E. P. *Administração estratégica*: uma abordagem além do Balanced Scorecard. São Paulo: Saraiva, 2003.

3 TREINAMENTO E DESENVOLVIMENTO DE PESSOAS

OBJETIVOS DE APRENDIZAGEM

- Definir o conceito de Treinamento e Desenvolvimento de pessoas (T&D).
- Descrever quais tipos de mudanças o treinamento provoca nas pessoas.
- Definir o ciclo de treinamento e suas etapas.
- Descrever a etapa de diagnóstico das necessidades de treinamento.
- Definir o planejamento do treinamento.
- Explicar a operacionalização do treinamento.
- Definir os indicadores de resultados do treinamento.
- Explicar como se avalia os resultados do treinamento.
- Definir o conceito de conhecimento.
- Descrever os modernos processos de desenvolvimento de talentos.

O QUE VEREMOS ADIANTE

- Conceito e tipos de educação.
- Treinamento.
- O ciclo do treinamento.
- Levantamento de necessidades de treinamento.
- Programação de treinamento.
- Tecnologia de treinamento.
- Execução do treinamento.
- Avaliação dos resultados do treinamento.

CASO INTRODUTÓRIO
JJK SuperLog Transportes Ltda.

A JJK é uma empresa que nasceu a partir do empenho de Murilo, um caminhoneiro dedicado e com espírito empreendedor. No início, a empresa atuava somente com transportes e mudanças. Com o passar do tempo, ela cresceu e passou a ocupar um lugar de destaque no mercado logístico. Recentemente, Murilo foi para a Presidência do Conselho e cedeu lugar para seu primogênito, Carlos, formado em Administração. Ao assumir a empresa, Carlos percebeu diversos problemas comportamentais de atendimento ao cliente, tanto do administrativo quanto dos motoristas. Também identificou, de forma generalizada, a falta de conhecimento para o uso de sistemas e de novas tecnologias por parte dos funcionários. Ele entendeu que essas demandas eram provenientes da concepção de seu pai, que, ao ser questionado, comentava: "Carlos, se tenho dinheiro em caixa, o que me dará mais retorno? Comprar um caminhão novo, que é um ativo, ou ficar gastando com treinamentos, que nem sei o resultado que dará?". Quais sugestões você daria para Carlos para convencer seu pai sobre a importância do treinamento?

INTRODUÇÃO

Tudo é uma questão de princípios. Os times de futebol treinam durante semanas e semanas a fio para poderem disputar um jogo de apenas uma hora e meia. Os atletas e os esportistas olímpicos treinam intensamente durante anos para uma disputa que dura apenas poucos minutos nas Olimpíadas. Uma orquestra sinfônica treina e ensaia durante meses para uma apresentação teatral de duas horas. As empresas ainda estão longe desses marcos por inúmeras razões. Em primeiro lugar, enquanto um time de futebol, um esportista ou uma orquestra sinfônica trabalha de fato somente em determinadas ocasiões predeterminadas, as empresas funcionam diariamente e nem sempre podem interromper as suas atividades para poder treinar e melhorar seu desempenho e superar seus resultados. Em segundo lugar, quando o time de futebol joga e a orquestra toca, exige-se o máximo de cada pessoa do conjunto. Nada menos do que isso. Muitas empresas exigem apenas um desempenho razoável de seus membros, quando poderiam ter um desempenho muitíssimo melhor se fossem adequadamente treinados e capacitados. Uma questão de cultura, missão e visão de futuro, e de treinamento e orientação, maestria e liderança. E o desempenho e a excelência organizacionais dependem disso tudo. Trata-se de uma decorrência de um fato comum nos nossos dias e que vem acontecendo há muito tempo: "os líderes de negócios raramente reconhecem o enorme potencial da função de gestão humana. Essa baixa expectativa então se torna uma verdadeira profecia de baixa realização".[1] E esse círculo vicioso ainda se torna comum nos dias de hoje. A chave para eliminá-lo está sumarizada na seguinte colocação: "a missão da função de GH está em ser uma parceira respeitada, ajudando a companhia a alcançar seus objetivos ao providenciar serviços extraordinários para ajudar a gerir o seu mais importante ativo: as suas pessoas".[2]

A palavra *treinamento* envolve muitos significados. Alguns especialistas em Gestão Humana (GH) consideram o treinamento como um meio para desenvolver a força de trabalho a partir dos cargos envolvidos.[3] Outros o interpretam de maneira mais ampla, considerando-o um meio para um adequado desempenho no cargo e estendendo o conceito para uma nivelação intelectual por meio da educação geral. Outros autores referem-se a uma área genérica chamada *desenvolvimento* e que é desdobrada em educação e treinamento: treinamento significa o preparo da pessoa para o cargo, enquanto o propósito da educação é o de preparar a pessoa para o ambiente dentro ou fora de seu trabalho.[4] Mais recentemente, surgiram conceitos mais abrangentes:

- **Treinamento** é o processo de ensinar aos novos empregados as habilidades básicas que eles necessitam para desempenhar seus trabalhos.[5]
- **Treinamento** é o processo de preparar empregados com habilidades específicas ou ajudá-los a corrigir deficiências em seu desempenho, enquanto **desenvolvimento** proporciona empregados com habilidades que a organização necessitará no futuro.[6]
- **Treinamento** se refere à obtenção de técnicas e habilidades específicas, detalhadas e rotineiras de trabalho, enquanto **desenvolvimento** é a melhoria e o crescimento por meio de um objetivo mais amplo de habilidades, atitudes e traços de personalidade.[7, 8]
- **Treinamento** se refere ao ensino de funcionários para que realizem suas funções atuais, enquanto **desenvolvimento** se refere ao ensino de competências mais amplas necessárias para desempenhar funções atuais e futuras.[9]

Enquanto o treinamento se refere à instrução de operações técnicas e mecânicas, o desenvolvimento é um processo de longo prazo para aperfeiçoar as capacidades dos profissionais, a fim de prepará-los para posições mais elevadas.[10]

Quadro 3.1 Treinamento × desenvolvimento[11]

	Treinamento	**Desenvolvimento**
Foco	Trabalho atual	Trabalho atual e futuro
Escopo	Indivíduo	Equipe ou organização
Tempo	Imediato	Longo
Objetivo	Deficiência atual	Preparar para futuras demandas

SAIBA MAIS **Aprender e reaprender**

Há muito tempo, Alvin Toffler já dizia que "o iletrado do século 21 não será quem não sabe ler e escrever, e sim aquele que não sabe aprender, desaprender e reaprender continuamente".[12] Na época, Toffler não fazia a mínima ideia de como as futuras mudanças seriam muito mais do que rápidas e profundas. Elas se tornaram exponenciais. Nesse vertiginoso e extraordinário contexto, o conhecimento é criado com uma rapidez incrível, o que o torna rapidamente obsoleto e ultrapassado, requerendo uma capacidade incrível das pessoas em aprender, desaprender e

> reaprender continuamente para não ficarem também obsoletas e ultrapassadas. Cada vez mais, o aprendizado requer curiosidade, diversidade, experimentação, riscos e, sobretudo, espírito empreendedor e inovador. Aprendizagem será a constante de nossas vidas para se adaptar e ajustar em um contexto exponencial de mudanças e transformações.

3.1 CONCEITO E TIPOS DE EDUCAÇÃO

Desde seu nascimento até sua morte, o ser humano vive em constante interação com seu meio ambiente, recebendo e exercendo influências em suas relações com ele. A educação se refere a toda influência que o ser humano recebe do seu ambiente social, durante toda sua existência, a fim de adaptar-se às normas e aos valores sociais vigentes e aceitos. O ser humano, todavia, recebe essas influências, assimila-as de acordo com suas inclinações e predisposições e enriquece ou modifica seu comportamento dentro de seus próprios padrões pessoais na formação de sua personalidade.

Pela sua profunda influência e amplitude, a educação pode ser institucionalizada e exercida não somente de modo organizado e sistemático – como nas escolas e nas igrejas, obedecendo a um plano preestabelecido –, mas também de modo difuso, desorganizado e assistemático – como no lar e nos grupos sociais a que o indivíduo pertence, sem obedecer a qualquer plano preestabelecido, ou ainda nas organizações. No fundo, a educação representa o preparo para a vida e pela vida. Pode-se falar em educação social, religiosa, cultural, política, moral, profissional etc. Interessa-nos aqui a educação profissional.[13]

Educação profissional é a educação, institucionalizada ou não, que visa ao preparo da pessoa para a vida profissional. Está dividida em três tipos interdependentes, mas perfeitamente distintos:

1. **Formação profissional**: é a educação, institucionalizada ou não, que visa preparar e formar o homem para o exercício de uma profissão, em determinado mercado de trabalho. Seus objetivos são amplos e mediatos, visando qualificar a pessoa para uma futura profissão. Pode ser dada nas escolas ou fora delas, e até mesmo dentro das empresas. Se considerarmos que a rede nacional de escolas profissionais forma apenas uma pequena parcela dos recursos humanos qualificados exigidos pelo crescente desenvolvimento técnico-econômico, chegaremos à conclusão de que recai logicamente sobre as organizações a maior responsabilidade pela formação desses recursos humanos qualificados de que elas necessitam constante e presentemente. Portanto, a parcela excedente que não recebe a necessária formação escolar é formada nas organizações e no próprio trabalho, recebendo uma formação assistemática à medida que lhe vão sendo confiadas novas tarefas. Nesse caso, a formação ocorre paralelamente inversa à extensão e à profundidade dos conhecimentos exigidos para a profissão. Assim, ela é mínima nas profissões que exigem prévia formação universitária e máxima nas que requerem apenas conhecimentos e habilidades elementares.

2. **Desenvolvimento profissional**: é a educação que visa ampliar, desenvolver e aperfeiçoar a pessoa para seu crescimento profissional em determinada carreira na organização ou para que se torne mais eficiente e produtiva em seu cargo. Seus objetivos perseguem prazos mais longos, visando dar à pessoa aqueles conhecimentos que transcendem o que é exigido no cargo atual, preparando-a para assumir funções mais complexas ou numerosas. É dado nas organizações ou em firmas especializadas em desenvolvimento de pessoal. Também obedece a um programa preestabelecido e atende a uma ação sistemática, visando à adaptação da pessoa à filosofia da organização. Pode também ser aplicado a todos os níveis ou setores da organização. É mais conhecido como desenvolvimento de recursos humanos.

3. **Treinamento**: é a educação, institucionalizada ou não, que visa adaptar a pessoa ao exercício de determinada função ou para a execução de tarefa específica, em determinada organização. Seus objetivos são mais restritos e imediatos, visando dar à pessoa os elementos essenciais para o exercício de um presente cargo, preparando-a adequadamente. É dado nas organizações ou em firmas especializadas em treinamento. Obedece a um programa preestabelecido e atende a uma ação sistemática, visando à rápida adaptação da pessoa ao trabalho. Pode ser aplicado a todos os níveis ou setores da organização.

Esses três tipos de educação profissionalizante não têm fronteiras perfeitamente definidas entre si, fazendo com que um mesmo esforço educacional possa, muitas vezes, ser dirigido para a formação ou para o desenvolvimento ou, ainda, para o treinamento. São os diferentes meios que devem servir aos fins desejados.

Quadro 3.2 Formação, desenvolvimento e treinamento como formas de educação profissional

Tipo de educação profissional	Escopo	Objetivos	Extensão de tempo	Características
Formação	Prepara e forma a pessoa ao exercício de uma profissão no mercado de trabalho	Amplos e mediatos	Longo prazo	Qualifica para uma futura profissão. Dada nas escolas e nas organizações
Desenvolvimento	Amplia e aperfeiçoa a pessoa para o crescimento profissional na carreira na organização	Menos amplos	Médio prazo	Proporciona conhecimentos e prepara para funções complexas. Dado em organizações
Treinamento	Prepara a pessoa para ocupar determinado cargo na organização	Restritos e imediatos	Curto prazo	Fornece o essencial para o cargo atual. Dado em organizações ou em empresas especializadas

3.2 TREINAMENTO

O treinamento é um processo educacional de curto prazo que utiliza procedimentos sistemáticos e organizados pelos quais as pessoas de nível não gerencial aprendem conhecimentos e habilidades técnicas para um propósito definido. Por outro lado, o desenvolvimento é um processo educacional de longo prazo que utiliza procedimento sistemático e organizado pelo qual o pessoal gerencial aprende conhecimentos conceptuais e teóricos para propósitos genéricos.[14] Assim, treinamento e desenvolvimento (T&D) diferem em quatro sentidos:[15]

- O que é aprendido.
- Como é aprendido.
- Como a aprendizagem ocorre.
- Quando a aprendizagem ocorre.

Cada vez mais, o treinamento está se restringindo à instrução de operações técnicas e mecânicas, enquanto o desenvolvimento se refere mais aos conceitos educacionais filosóficos e conceituais. O treinamento é projetado para as pessoas de nível não gerencial, enquanto o desenvolvimento objetiva as pessoas de nível gerencial. Os cursos de treinamento são projetados para o curto prazo, em função de um propósito definido e específico, como operação de uma máquina ou execução de uma determinada atividade, enquanto o desenvolvimento envolve uma educação mais ampla para propósitos genéricos e de longo prazo.[16]

3.2.1 Conceituação de treinamento

Treinamento consiste em um processo educacional que é aplicado de maneira sistemática e organizada, e por meio do qual as pessoas aprendem conhecimentos, atitudes e habilidades em função de objetivos definidos. No sentido usado em Administração, treinamento envolve a transmissão de conhecimentos específicos relativos ao trabalho, atitudes frente a aspectos da organização, da tarefa e do ambiente e desenvolvimento de habilidades. Qualquer tarefa, seja complexa, seja simples, envolve necessariamente esses três aspectos. Dentro de uma concepção mais limitada, Fipplo afirma que "treinamento é o ato de aumentar o conhecimento e perícia de uma pessoa para o desempenho de determinado cargo ou trabalho".[17] McGehee agrega que "o treinamento significava anteriormente educação especializada. Na indústria moderna, compreende todas as atividades que vão desde a aquisição da habilidade motora até o desenvolvimento do conhecimento técnico completo, o fornecimento de aptidões administrativas e de atitudes referentes a problemas sociais".[18]

SAIBA MAIS — **O investimento em treinamento**

Segundo os princípios do *National Industrial Conference Board*, o treinamento tem por finalidade ajudar a alcançar os objetivos da empresa, proporcionando oportunidades aos colaboradores de todos os níveis de obterem o conhecimento, a prática e a conduta requeridos pela organização. Alguns autores vão além, como Hoyler,[19] ao considerar o treinamento como um "investimento empresarial destinado a capacitar uma equipe de trabalho a reduzir ou eliminar a diferença entre o atual desempenho e os objetivos e realizações propostas. Em outras palavras e num sentido mais amplo, o treinamento é um esforço dirigido no sentido de equipe, com a finalidade de fazer a mesma atingir os objetivos da empresa da maneira mais economicamente possível". Nesse sentido, o treinamento não é despesa, mas um investimento precioso cujo retorno é altamente compensador para a organização desde que focado em objetivos bem definidos e traga os resultados esperados.

O conteúdo do treinamento pode envolver cinco tipos de mudança de comportamento:

1. **Transmissão de informações**: o elemento essencial em muitos programas de treinamento é o conteúdo, isto é, repartir informações entre os treinandos como um corpo integrado de conhecimentos. Normalmente, as informações são genéricas, tais como informações sobre a empresa, seus produtos e serviços, sua organização e políticas etc.
2. **Desenvolvimento de habilidades**: principalmente as habilidades e os conhecimentos diretamente relacionados com o desempenho do cargo atual ou de possíveis ocupações futuras. Trata-se de um treinamento comumente orientado diretamente para o trabalho.[20]
3. **Desenvolvimento ou modificação de atitudes**: em geral, mudança de atitudes negativas para atitudes mais favoráveis entre as pessoas, aumento da motivação para o trabalho, desenvolvimento da sensibilidade dos supervisores quanto aos sentimentos e às reações das outras pessoas. A maioria das organizações defronta-se com o problema da necessidade de renovação constante em uma época de intensa mudança e inovação. A autoanálise é a maneira mais eficaz para alcançar a renovação ou a mudança planejada. Nesse sentido, o treinamento é considerado como uma das principais forças capazes de mudar a atitude das pessoas e a natureza da sociedade.[21]
4. **Desenvolvimento de conceitos**: o treinamento pode ser conduzido no sentido de elevar o nível de abstração e conceituação de ideias e de filosofias, seja para facilitar a aplicação de conceitos na prática administrativa, seja para elevar o nível de generalização para que os gerentes possam pensar em termos globais e amplos.
5. **Criação de competências individuais**: acima de todos os quesitos anteriores, trata-se de criar e desenvolver as competências duráveis nas pessoas, como aumentar o conhecimento (saber), as habilidades (saber fazer), o julgamento (saber julgar e decidir) e as atitudes (saber fazer acontecer) frente a situações.

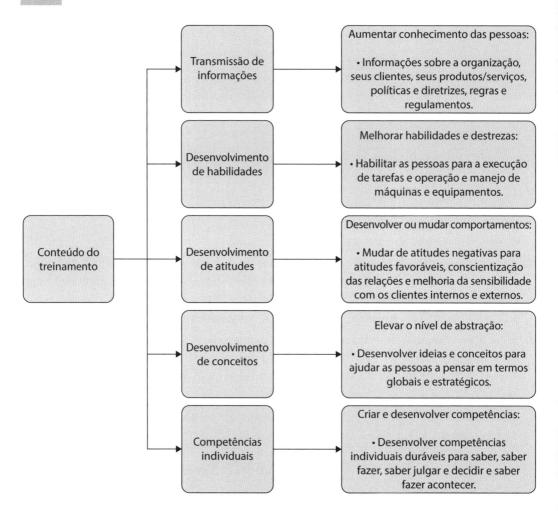

Figura 3.1 Os tipos de mudanças comportamentais por meio do treinamento.[22]

Os cinco tipos de conteúdo do treinamento anteriormente descritos podem ser utilizados de maneira isolada ou conjunta. Alguns programas de treinamento de vendedores incluem transmissão de informações (sobre a empresa, os produtos, os clientes, o mercado etc.), desenvolvimento de habilidades (preenchimento de pedidos, cálculo dos preços etc.), desenvolvimento de atitudes (como tratar o cliente, como se comportar, como conduzir o processo de venda, argumentar e contornar as negativas do cliente etc.) e desenvolvimento de conceitos (relacionados com a filosofia da empresa e ética profissional). As universidades corporativas se preocupam acentuadamente com a criação e o desenvolvimento de competências individuais duráveis, exatamente como resposta às mudanças que estão ocorrendo, preparando as pessoas para isso. Quando elas ampliam a sua abrangência, envolvem um ecossistema de aprendizagem organizacional que abrange desenvolvimento de talentos, gestores e equipes, e Desenvolvimento Organizacional (DO), como mostra a Figura 3.2.

Figura 3.2 O ecossistema de aprendizagem organizacional.

3.2.2 Objetivos do treinamento

O treinamento não pode ser feito ao acaso ou simplesmente para zerar carências imediatas de conhecimentos, habilidades ou de atitudes. Todo treinamento deve pautar por objetivos claros e explícitos. Os principais objetivos do treinamento são:

- Preparar as pessoas para execução imediata das tarefas peculiares à organização por meio da transmissão de informações e do desenvolvimento de habilidades.
- Proporcionar oportunidades para o contínuo desenvolvimento pessoal, não apenas em seus cargos atuais, mas também para outras funções para as quais a pessoa pode ser considerada.
- Mudar a atitude das pessoas no sentido de criar um clima mais satisfatório entre elas, aumentar a sua motivação e torná-las mais receptivas às técnicas de supervisão e gerência.

3.2.3 Treinamento como responsabilidade de linha e função de *staff*

Como todas as ações e as práticas da GH, o treinamento é uma responsabilidade de linha e função de *staff*. Do ponto de vista da Administração, o treinamento sempre constituiu uma responsabilidade gerencial. Em outros termos, as atividades de treinamento repousam em uma política que reconhece o treinamento como responsabilidade de cada gerente. Os gerentes precisam receber assistência especializada para que possam assumir essa responsabilidade. Para tanto, é necessária a presença de treinadores de *staff* e divisões de treinamento especializadas.[23] Em um sentido mais amplo, o conceito de treinamento está implícito na tarefa gerencial e em todos os níveis. Seja na demonstração de um procedimento novo, fase por fase, seja na explicação de uma operação tradicional, o gerente deve saber explanar, ensinar seus subordinados, acompanhar e comunicar.[24]

Aumente seus conhecimentos sobre **Cultura de aprendizagem** na seção *Saiba mais* TDRH 3.1

Assim, na satisfação das específicas necessidades de aprendizagem das pessoas que ingressam na empresa ou no aumento consciente das habilidades dos funcionários já experimentados, a relação superior-subordinado na empresa está sempre dirigida ao contínuo desenvolvimento das habilidades individuais e, no final, ambos – pessoa e empresa – são beneficiados. Na realidade, procura-se enfatizar a necessidade da total utilização das capacidades que cada pessoa deve possuir, de acordo com o conceito de "cargo integral" introduzido por Proctor e Thornton.[25] Algumas pessoas preferem e se ajustam a trabalhos repetitivos e cíclicos, enquanto outras têm capacidade para tarefas mais complicadas e variadas. Contudo, a maioria das pessoas pode se aplicar a trabalhos mais amplos. O "cargo integral" pode ser grande ou pequeno, mas deve ser orientado para a pessoa no sentido da plena utilização de seus talentos. Muitas pessoas são capazes de muito mais do que se exige delas.

3.2.4 Binômio instrutor × aprendiz

O treinamento pressupõe sempre um binômio que está sendo gradativamente ampliado: instrutor × aprendiz. Pode haver vários instrutores ou vários aprendizes atuando. Os aprendizes são as pessoas situadas em qualquer nível hierárquico da organização que necessitam aprender ou eventualmente melhorar seus conhecimentos e habilidades sobre alguma atividade ou trabalho. Os instrutores são pessoas situadas em qualquer nível hierárquico da organização, experientes ou especializadas em determinada atividade ou trabalho e que transmitem seus conhecimentos de maneira organizada aos aprendizes. Assim, os aprendizes podem ser auxiliares, chefes ou gestores, bem como os instrutores podem ser auxiliares, chefes ou gestores da organização, ou, ainda, especialistas ou o especialista em treinamento.

Modernamente, a figura do instrutor – seja professor, seja tutor, seja mentor – mudou radicalmente de proprietário do conhecimento para orientador. E está sendo cada vez mais substituída por esquemas e *softwares* proporcionados por modernas tecnologias.

3.2.5 Relação instrução × aprendizagem

Além disso, o treinamento pressupõe uma relação de instrução × aprendizagem. Instrução significa o ensino organizado de uma tarefa ou atividade. Aprendizagem é a incorporação daquilo que foi instruído ao comportamento do indivíduo. Portanto, aprender é modificar o comportamento em direção daquilo que foi instruído.

Existem duas regras básicas a respeito do treinamento:[26]

1. O treinamento é apropriado somente diante destas condições:
   - Existe algo que a pessoa não sabe como fazer ou realizar.
   - Ela precisa estar apta a aprender a fazer ou realizar.
2. Se a pessoa já sabe como executar o acréscimo de mais treinamento, poderá até melhorar, mas o passo seguinte é o desenvolvimento. Daí a dupla conotação entre T&D.

No fundo, treinamento deve ser entendido como um meio e não um fim em si mesmo. É um meio para se chegar a um fim, mas não constitui o fim em si. Treinar pessoas não constitui o propósito de uma empresa apenas porque ela decidiu ter um órgão de treinamento. O alvo do treinamento é o desempenho, a execução. É o fim para onde convergem os esforços de treinamento. Porém, o desempenho em si pode não significar nada se nenhum resultado for alcançado ou melhorado. Desempenho deve ser um meio eficaz para alcançar resultados. Esse deve ser o objetivo final do treinamento: aumentar a contribuição das pessoas para o alcance de resultados da empresa. Afinal, gestão não é apenas esforço ou desempenho. Gestão é resultado!

3.3 CICLO DO TREINAMENTO

Treinamento é um ato intencional de fornecer os meios para possibilitar a aprendizagem. Aprendizagem é um fenômeno que surge dentro da pessoa como resultado dos seus esforços individuais. A aprendizagem é uma mudança no comportamento e ocorre no dia a dia e em todas as pessoas. O treinamento deve simplesmente orientar essas experiências de aprendizagem em sentido positivo e benéfico, e suplementá-las com atividade planejada, a fim de que as pessoas em todos os níveis da empresa possam desenvolver mais rapidamente seus conhecimentos, suas atitudes e suas habilidades, que beneficiarão elas mesmas e, sobretudo, a empresa. Assim, o treinamento cobre uma sequência programada de eventos em um processo contínuo, cujo ciclo se renova a cada vez que se repete.

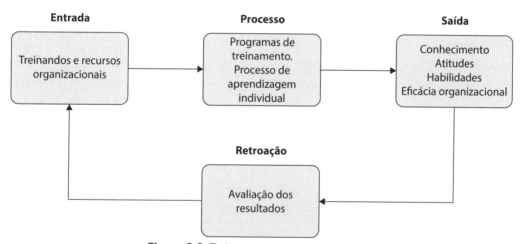

Figura 3.3 Treinamento como um sistema.

O processo de treinamento assemelha-se a um modelo de sistema aberto, cujos componentes são:[27]

- **Entradas (*inputs*)**: como treinandos, recursos organizacionais, informação, conteúdo etc.
- **Processamento ou operação (*throughputs*)**: como processos de aprendizagem individual, programa de treinamento etc.
- **Saídas (*outputs*)**: como pessoal habilitado, melhoria no desempenho e nos resultados, sucesso ou eficácia organizacional etc.
- **Retroação (*feedback*)**: como avaliação de procedimentos e resultados do treinamento por meio de meios informais ou de pesquisas sistemáticas.

Em termos amplos, o treinamento envolve um processo cíclico composto de quatro etapas, representado na Figura 3.4.

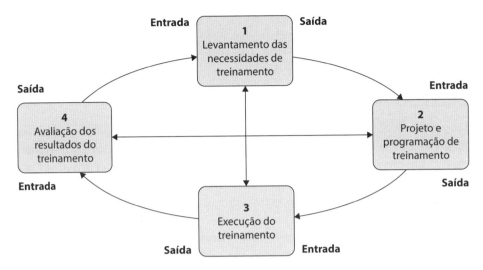

Figura 3.4 O ciclo do treinamento.

Essas quatro etapas formam o processo de treinamento, que pode ser representado na Figura 3.5.

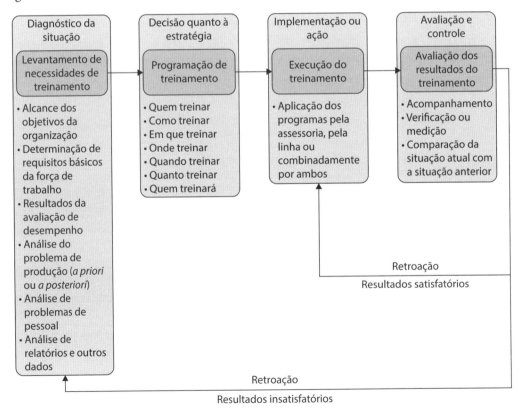

Figura 3.5 O processo de treinamento.

As várias abordagens acerca do treinamento variam desde uma centralização no órgão de *staff* até uma descentralização ao longo dos órgãos de linha, como mostra a Figura 3.6.

Aumente seus conhecimentos sobre **Treinamento como responsabilidade de linha e função de *staff*** na seção *Saiba mais* TDRH 3.2

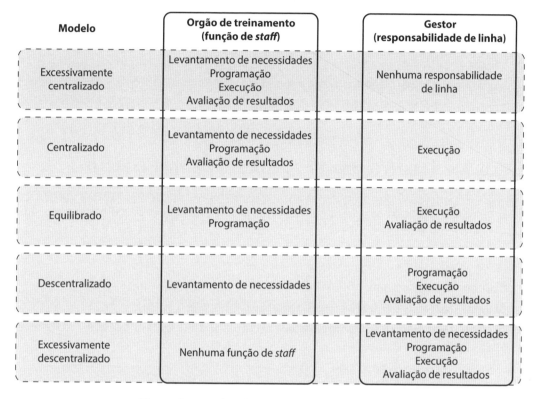

Figura 3.6 As abordagens sobre o treinamento.[28]

Obviamente, os dois extremos da Figura 3.6 não são satisfatórios. Para que realmente haja responsabilidade de linha e função de *staff* no treinamento, a situação preferida seria a do modelo equilibrado, em que o órgão de linha assume a responsabilidade do treinamento e obtém a assessoria especializada do órgão de *staff* na forma de levantamento de necessidades e diagnóstico de treinamento e de programação de treinamento.

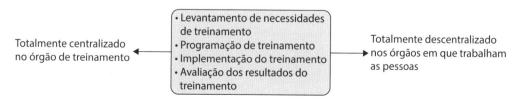

Figura 3.7 O *continuum* de abordagens sobre treinamento.

Vejamos, a seguir, cada uma das etapas do treinamento.

> **VOLTANDO AO CASO INTRODUTÓRIO**
> **JJK SuperLog Transportes Ltda.**
>
> Após argumentar com seu pai e convencer o Conselho da empresa da importância em dedicarem maior percentual do *budget* anual para T&D de talentos, Carlos chamou Fátima, sua gerente de GH, para que juntos pudessem realizar uma transformação na empresa, atuando fortemente com treinamento para todos e desenvolvimento de novos talentos. Carlos quer talentos que sejam desenvolvidos para dar sustentabilidade para a empresa. Fátima pediu calma para Carlos, pois precisam seguir etapas importantes no desenvolvimento do plano, a fim de evitarem desgastes, perda de energia e gastos desnecessários, que poderiam gerar resultados insatisfatórios. Por que Fátima fez esse alerta para Carlos? Se estivesse no lugar de Fátima, o que você proporia a Carlos para iniciar esse processo?

3.4 LEVANTAMENTO DE NECESSIDADES DE TREINAMENTO

Constitui a primeira etapa do treinamento e corresponde ao diagnóstico preliminar do que deve ser feito em termos de aprendizagem. Trata-se de localizar e identificar as necessidades ou carências de treinamento, seja na organização como um todo, seja em uma unidade organizacional ou, ainda, em determinada e específica atividade. Assim, o levantamento das necessidades de treinamento pode ser efetuado em três diferentes níveis de análise:[29]

1. **Sistema organizacional**: no nível da análise da organização total.
2. **Sistema de treinamento**: no nível da análise da força de trabalho.
3. **Sistema de aquisição de competências**: no nível da análise das operações e tarefas de cada indivíduo ou equipe.

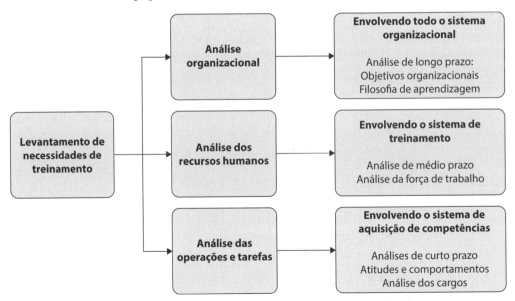

Figura 3.8 Os três níveis de análise no levantamento das necessidades de treinamento.

Vejamos cada um desses níveis de análise para efeito de diagnóstico de treinamento.

1. Análise organizacional como levantamento de necessidades de treinamento: o sistema organizacional

Os objetivos de longo prazo são importantes para o desenvolvimento de uma perspectiva sobre a filosofia de treinamento em relação à missão organizacional. E análise organizacional envolve o estudo da empresa como um todo: sua missão, visão de futuro, valores, objetivos, cultura corporativa, arquitetura organizacional, estilo de gestão, recursos e competências. Essa análise ajuda a responder à questão sobre o que deve ser aprendido em termos de um plano e estabelece a filosofia de treinamento de toda a empresa.

A análise organizacional não somente envolve o estudo de toda a empresa, como também o macroambiente socioeconômico e tecnológico no qual a organização está inserida.

McGehee e Thayer definem análise organizacional como a "definição da organização sobre qual será a ênfase a ser dada ao treinamento".[30] Nesse sentido, a análise organizacional deverá verificar todos os fatores envolvidos (como estratégia organizacional, planos, força de trabalho, dados de eficiência organizacional, clima organizacional etc.) que permitam avaliar os custos necessários e os benefícios esperados do treinamento em comparação com outras estratégias capazes de atingir os objetivos organizacionais, e, assim, determinar a política global da empresa com relação ao treinamento.

Bass e Vaughn vislumbram três fases distintas na análise organizacional:[31]

- **Objetivos do treinamento**: o primeiro passo na utilização da análise organizacional deve ter em vista os objetivos da empresa no curto e no longo prazo. Os objetivos de longo prazo devem ser primeiramente analisados de forma global e, em seguida, as metas específicas para as diversas divisões, departamentos e seções da empresa. Os objetivos de curto prazo devem ser estudados tendo-se em vista que são suscetíveis de mudanças radicais em breve espaço de tempo. Devem, portanto, ser balizados por objetivos de longo prazo.

- **Meios para atingir os objetivos**: o segundo passo é um inventário das tentativas da empresa para atingir suas metas por meio de seus recursos de produção, físicos e humanos. Vários índices de eficiência poderão ser calculados de modo a determinar não só a adequação dos fluxos de trabalho, mas também as entradas e as saídas do sistema total. Do ponto de vista do treinamento, a ênfase será colocada na contribuição do potencial humano para esses índices.

- **A interação necessária**: a última fase será a análise da empresa como uma organização que opera em um ambiente social, político e econômico sobre o qual ela pode exercer alguma influência, mas que não pode controlá-lo. Como uma organização social, a empresa envolve a interação dinâmica de seus membros, cuja observação de fora proporciona determinada imagem. Essa imagem reflete a atitude de seus membros sobre vários aspectos, incluindo estilo de gestão, produtos da empresa, metas e objetivos. Essa atitude em relação ao desenvolvimento de pessoas determinará em grande escala o sucesso do programa de treinamento.

Para proporcionar melhor análise do sistema organizacional, Berrien[32] sugere tratá-lo como uma caixa negra. Como a operação do sistema é muito complexa, o importante é focalizar a atenção sobre o papel das entradas, saídas e retroação. A Figura 3.9 dá uma ideia dos principais componentes do sistema organizacional visualizado sob esse prisma.

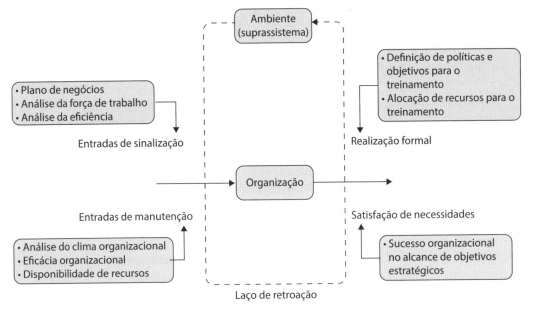

Figura 3.9 O sistema organizacional de treinamento.[33]

PARA REFLEXÃO

Adequação e flexibilidade

O treinamento é feito sob medida de acordo com as necessidades atuais de cada organização. À medida que a organização cresce e se expande, suas necessidades mudam e, consequentemente, o treinamento deverá atendê-las. Assim, as necessidades de treinamento precisam ser continuamente levantadas, determinadas e pesquisadas para, a partir delas, se estabelecer os programas adequados no sentido de satisfazê-las adequadamente. Assim, o treinamento serve, em princípio, para zerar as necessidades de treinamento que surgem. Em outras palavras, voltar ao ponto zero de necessidades. Mas voltar sempre ao ponto zero é válido? Sim, em um mundo estável e previsível é até possível. Mas não em um mundo repleto de mudanças rápidas e imprevisíveis. E onde fica o desenvolvimento? Como crescer e desenvolver? E a adequação a um ambiente dinâmico e mutável? E como fica a flexibilidade e a agilidade organizacional?

Berrien diferencia duas classes de entradas do sistema: entradas de manutenção e entradas de sinalização. As primeiras energizam o sistema, constituindo a fonte de energia ou recursos de que dispõe o sistema. Já as segundas são as mais cruciais para o sistema e constituem tudo o que é processado por ele e transferido como saída para o suprassistema. Sem essas, não há realização formal do sistema. Berrien também diferencia duas classes de saídas (*outputs*) comportamentais de um sistema social: realização formal (o que o sistema faz) e satisfação de necessidades (o que o sistema oferece).[34]

2. Análise da GH como levantamento de necessidades de treinamento: o sistema de treinamento

A análise de GH procura verificar se a sua força de trabalho é suficiente quantitativa e qualitativamente para as atividades atuais e futuras da organização. Trata-se aqui da análise integrada da força de trabalho, seus conhecimentos, habilidades, atitudes e competências atuais e requeridas, e se tudo isso é suficiente para as atividades atuais e futuras da organização. Ou seja, é a análise da força de trabalho disponível. A dinâmica organizacional pressupõe que as pessoas possuam as habilidades, os conhecimentos e as atitudes desejadas pela organização. Além disso, é igualmente importante analisar se as pessoas atualmente posicionadas têm potencial de desenvolvimento suficiente por meio do treinamento ou se torna necessária para sua substituição por novos candidatos.

Aumente seus conhecimentos sobre **A análise da Gestão Humana** na seção *Saiba mais* TDRH 3.3

Dentro dos conceitos de Berrien,[35] Hinrichs[36] salienta que a análise da GH é feita em nível do departamento de treinamento. Esse geralmente desempenha cinco papéis ou objetivos principais:

- Determinar as necessidades de treinamento da organização.
- Identificar ou selecionar as pessoas que devem participar do programa de treinamento (na verdade, deveriam ser todas as pessoas, sem distinção).
- Projetar e programar o treinamento necessário.
- Conduzir os programas de treinamento por meio dos gestores e dos líderes de equipes.
- Avaliar o resultado do programa de treinamento e a contribuição das técnicas específicas aos programas.

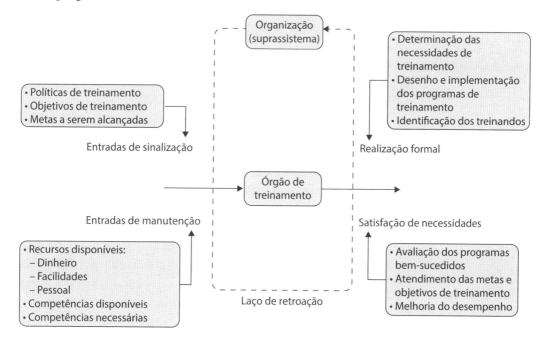

Figura 3.10 Sistema específico de treinamento.[37]

3. Análise das operações e das tarefas: o sistema de aquisição de habilidades

É o nível de abordagem mais restrito e imediato no levantamento de necessidades de treinamento. A análise é feita em nível do cargo ou das competências individuais requeridas pela organização. Além da organização e das pessoas, como vimos há pouco, o treinamento deve também considerar os cargos ou competências para os quais as pessoas devem ser treinadas. A análise dos cargos ou das competências serve, entre outras coisas, para determinar os tipos de habilidades, conhecimentos, atitudes, comportamentos e as características de personalidade requeridas para o desempenho eficaz no trabalho.

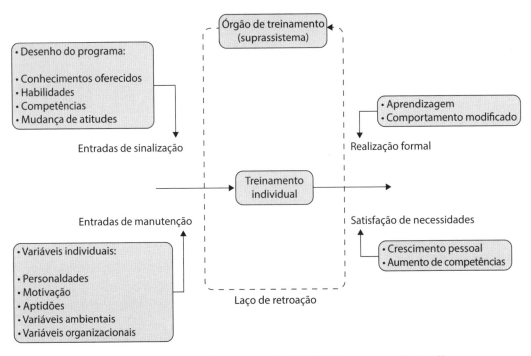

Figura 3.11 Sistema de aquisição de habilidades e competências.[38]

A análise de operações ou análise ocupacional é um processo que compreende a decomposição do cargo ou da atividade do indivíduo em suas partes constituintes, permitindo a avaliação das habilidades, dos conhecimentos e das qualidades pessoais ou responsabilidades exigidas para que o indivíduo desempenhe eficientemente suas atividades. Em outros termos, uma necessidade de treinamento em nível do cargo representa uma discrepância entre os requisitos exigidos pelo cargo e as habilidades atuais do seu ocupante. Quando se trata de competências, representa uma discrepância entre as competências exigidas pela organização e as competências oferecidas pela pessoa. A Figura 3.12 dá uma ideia disso.

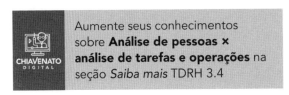

Aumente seus conhecimentos sobre **Análise de pessoas × análise de tarefas e operações** na seção *Saiba mais* TDRH 3.4

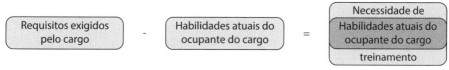

Figura 3.12 Conceito de necessidade de treinamento em nível do cargo.

4. Meios de levantamento de necessidades de treinamento

O levantamento de necessidades de treinamento é uma forma de diagnóstico e, como tal, deve basear-se em fatos e informações relevantes e objetivos. Muitos desses fatos e informações devem ser cuidadosamente coligidos e agrupados sistematicamente, enquanto outros estão disponíveis às mãos dos gerentes de linha. A determinação das necessidades de treinamento é uma responsabilidade de linha e uma função de *staff*: cabe ao administrador de linha a responsabilidade pela percepção dos problemas provocados pela carência de treinamento; cabem a ele todas as decisões referentes ao treinamento, mesmo que utilize ou não os serviços de assessoria prestados por especialistas em treinamento.

Os principais meios utilizados para o levantamento de necessidades de treinamento são:[39]

- *Feedback* **do desempenho**: por meio da apreciação em tempo real do desempenho – em substituição à velha avaliação do desempenho –, é possível analisar os colaboradores que executam suas tarefas abaixo de um nível satisfatório e averiguar como seria possível um treinamento adequado para corrigir suas ineficiências.
- **Observação**: verificar onde há evidência de trabalho ineficiente, como quebra de equipamento, atraso em relação ao cronograma, perda de matéria-prima, número acentuado de problemas disciplinares, ausências, acidentes, rotatividade elevada etc.
- **Questionários**: pesquisas por meio de questionários e listas de verificação (*checklist*) que coloquem em evidência as necessidades de treinamento.
- **Solicitação de gestores**: quando a necessidade de treinamento atinge um nível mais alto, os próprios gestores tornam-se propensos a solicitar meios de treinamento para o seu pessoal.
- **Entrevistas com gestores**: contatos diretos com gestores com referência a problemas locais solucionáveis por meio do treinamento.
- **Reuniões interdepartamentais**: discussões interdepartamentais acerca de assuntos concernentes aos objetivos organizacionais, problemas interdepartamentais ou operacionais, planos para determinados objetivos e outros assuntos administrativos.
- **Exames de seleção de colaboradores**: verificação de resultados de provas de seleção de colaboradores que executam determinadas funções ou tarefas acima ou abaixo das metas e das razões para tanto.
- **Mudanças no trabalho**: sempre que modificações totais ou parciais nos processos de trabalho sejam introduzidas, torna-se necessário o treinamento prévio dos colaboradores nos novos métodos e processos de trabalho.
- **Entrevistas de saída**: o momento em que o colaborador está deixando a empresa é o mais apropriado para conhecer sua opinião sincera sobre a organização e as razões que

motivaram sua saída. É possível que várias deficiências da organização passíveis de correção venham à superfície.

- **Análise de cargos**: proporciona um quadro das tarefas e das habilidades que o ocupante deverá possuir e os meios para melhorias.
- **Relatórios periódicos da empresa ou de produção**: mostrando possíveis deficiências passíveis de treinamento.
- *People analytics*: por meio de dados sobre o comportamento dos colaboradores.

Aqui, podemos incluir *coaching* e *mentoring* como meios de identificar necessidades de treinamento, bem como análises de dados (*people analytics*) sobre os colaboradores.

3.4.1 Indicadores de necessidades de treinamento

Além dos meios anteriormente relacionados, existem alguns indicadores de necessidades de treinamento. Esses indicadores servem para apontar eventos que fatalmente provocarão futuras necessidades de treinamento (indicadores *a priori*) ou problemas decorrentes de necessidades de treinamento já existentes (indicadores *a posteriori*).[40]

- **Indicadores *a priori***: são os eventos que – se acontecerem – proporcionarão necessidades futuras de treinamento facilmente previsíveis. Os indicadores *a priori* são:
  - Expansão da empresa e admissão de novos funcionários.
  - Redução do número de funcionários.
  - Mudança de métodos e processos de trabalho.
  - Substituições ou movimentação de pessoal.
  - Faltas, licenças e férias do pessoal.
  - Expansão na oferta de serviços.
  - Mudanças nos programas de trabalho ou de produção.
  - Modernização do maquinário e do equipamento.
  - Produção e comercialização de novos produtos ou serviços.
  - Introdução de novas tecnologias.
- **Indicadores *a posteriori***: são os problemas provocados por necessidades de treinamento não atendidas. Esses problemas geralmente estão relacionados com a produção ou com o pessoal e servem como diagnóstico de treinamento:
  - **Exemplos de problemas de produção**:
    - Qualidade inadequada da produção.
    - Baixa produtividade do pessoal.
    - Avarias frequentes em equipamentos e instalações.
    - Comunicações defeituosas.
    - Tempo de aprendizagem e de integração muito prolongado.
    - Despesas excessivas na manutenção de máquinas e equipamentos.
    - Excesso de erros e de desperdícios.
    - Elevado número de acidentes.
    - Pouca adaptabilidade ou versatilidade dos funcionários.
    - Mau aproveitamento do espaço disponível.

- **Exemplos de problemas de pessoal**:
  - Relações deficientes entre as pessoas.
  - Número excessivo de queixas.
  - Pouco ou nenhum interesse pelo trabalho.
  - Falta de cooperação.
  - Faltas e substituições em demasia.
  - Dificuldades na obtenção de talentos.
  - Tendência a atribuir falhas aos outros.
  - Erros na execução de ordens.

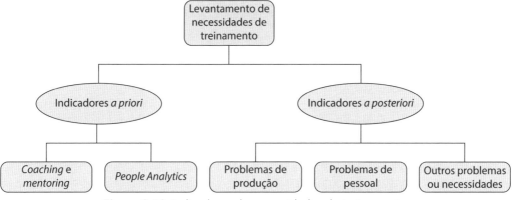

Figura 3.13 Indicadores de necessidades de treinamento.

A aprendizagem constitui o coração da capacidade organizacional de competir em um ambiente de negócios altamente dinâmico e competitivo. O treinamento deve ajudar a organização a compreender como orientar suas experiências de aprendizado em função das necessidades do negócio. O papel do treinamento deve ser de parceiro da organização ou de suas unidades – os clientes do processo de treinamento – na adequação de suas atividades e no desenvolvimento do aprendizado que provoque forte impacto em seu desempenho e em seus resultados. Deve haver um compromisso entre o consultor interno de treinamento e o cliente – gestores ou unidades organizacionais – no sentido de diagnosticar necessidades estratégicas, táticas ou operacionais. A partir do levantamento das necessidades de treinamento; o passo seguinte é a construção de um programa de treinamento capaz de sanar tais necessidades. Dessa maneira, o programa de treinamento deverá ser elaborado sob medida para as necessidades diagnosticadas.

 Aumente seus conhecimentos sobre **Treinamento como estratégia de intervenção** na seção *Saiba mais* TDRH 3.5

 VOLTANDO AO CASO INTRODUTÓRIO
JJK SuperLog Transportes Ltda.

Fátima apresentou para Carlos um plano de T&D, considerando as competências necessárias para que cada área possa melhorar sua eficiência e eficácia. Carlos acredita que os treinamentos irão trazer resultados muito positivos, como redução de desperdícios, aumento da retenção de clientes, aumento da satisfação dos colaborares etc. Todavia, para que isso ocorra, existe a necessidade inicial de identificar as necessidades de treinamento, tanto do setor administrativo quanto dos motoristas, mecânicos etc. Fátima apresentou para Carlos uma proposta para identificar as necessidades de treinamento.

Coloque-se no lugar de Fátima e monte a apresentação de uma proposta para o levantamento das necessidades de treinamento dentro da empresa.

3.5 PROGRAMAÇÃO DE TREINAMENTO

Feito o diagnóstico do treinamento, segue-se a terapêutica, ou seja, a escolha e a prescrição dos meios de tratamento para sanar as necessidades indicadas ou percebidas. Em outros termos, efetuado o levantamento e a definição das necessidades de treinamento, passa-se então ao seu desenho e programação.

A programação de treinamento é sistematizada e fundamentada sobre os seguintes aspectos, que devem ser analisados durante o levantamento:[41]

- Qual é a necessidade de treinamento?
- Onde foi assinalada em primeiro lugar?
- Ocorre em outra área ou setor?
- Qual sua causa?
- Faz parte de uma necessidade maior?
- Como resolvê-la: separadamente ou combinada com outras?
- É preciso alguma providência inicial ou prévia antes de resolvê-la?
- A necessidade é imediata? Qual sua prioridade em relação às demais?
- A necessidade é permanente ou temporária?
- Quantas pessoas e quantas atividades serão atingidas?
- Qual o custo que representa essa necessidade?
- Qual o tempo disponível para o treinamento?
- Qual o custo provável do treinamento?
- Quem irá executar o treinamento?
- Onde será executado o treinamento?

O levantamento de necessidades de treinamento deve fornecer as seguintes informações, para que se possa traçar uma adequada programação de treinamento:

- O que deve ser ensinado?
- Quem deve aprender?
- Quando deve ser ensinado?
- Onde deve ser ensinado?
- Como se deve ensinar?

- Quem deve ensinar?
- Quais os objetivos a serem alcançados?
- Como medi-los?
- Como garantir sua eficiência e eficácia ao longo do tempo?

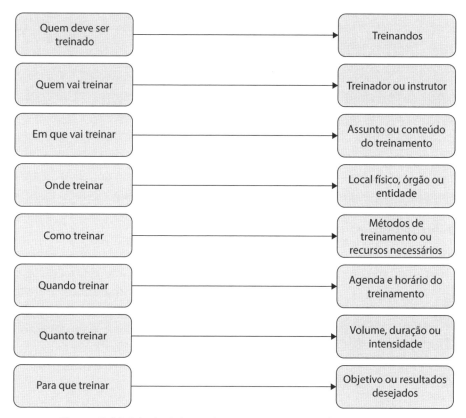

Figura 3.14 Principais itens de uma programação de treinamento.

3.5.1 Planejamento do treinamento

A programação de treinamento requer um planejamento que envolve os seguintes itens:[42]

- Abordagem global ou de uma necessidade específica de cada vez.
- Definição clara do objetivo do treinamento.
- Divisão do trabalho a ser desenvolvido em módulos, pacotes ou ciclos.
- Determinação do conteúdo do treinamento.
- Escolha dos métodos de treinamento e a tecnologia disponível.
- Definição dos recursos necessários para implementação do treinamento, como tipo de treinador ou instrutor, recursos audiovisuais, máquinas, equipamentos ou ferramentas necessários, materiais, manuais etc.

- Definição da população-alvo, ou seja, da clientela a ser treinada:
  - Número de pessoas.
  - Disponibilidade de tempo.
  - Grau de habilidade, conhecimentos e tipo de atitudes.
  - Características pessoais de comportamento.
- Local onde será efetuado o treinamento, considerando-se as alternativas: no cargo; fora do cargo, mas na empresa; e fora da empresa.
- Época ou periodicidade do treinamento, com horário ou ocasião propícia.
- Cálculo da relação custo-benefício do programa.
- Controle e avaliação dos resultados para verificação de pontos críticos que demandem ajustes e modificações no programa para melhorar a sua eficácia.

O planejamento do treinamento é decorrência direta do diagnóstico das necessidades de treinamento. Os recursos e competências colocados à disposição do treinamento devem estar intimamente relacionados com a problemática diagnosticada.

3.5.1.1 Tecnologia educacional de treinamento

Determinada a natureza das habilidades, dos conhecimentos ou das competências desejadas como resultado do treinamento, o próximo passo é a escolha das técnicas a serem utilizadas no programa de treinamento, no sentido de otimizar a aprendizagem, ou seja, alcançar o maior volume de aprendizagem com o menor dispêndio de esforço, tempo e dinheiro.

Aumente seus conhecimentos sobre **Conteúdo do programa de integração de novos colaboradores** na seção *Saiba mais* TDRH 3.6

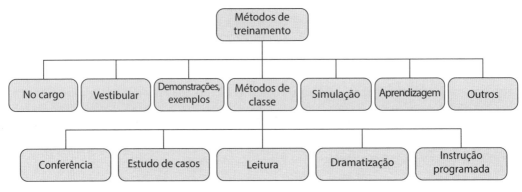

Figura 3.15 Os métodos de treinamento.[43]

As técnicas de treinamento podem ser classificadas quanto ao foco, ao tempo e ao local de aplicação.

1. **Técnicas de treinamento quanto ao foco:** podem ser orientadas para o conteúdo, o processo ou mistas:

- **Técnicas de treinamento orientadas para o conteúdo:** são desenhadas para a transmissão de conhecimento ou informação, como técnica da leitura, recursos audiovisuais, instrução programada e instrução assistida por computador – as duas últimas são também chamadas técnicas autoinstrucionais.

- **Técnicas de treinamento orientadas para o processo:** são desenhadas para mudar atitudes, desenvolver consciência de si e dos outros e habilidades interpessoais. São as que enfatizam a interação entre os treinados no sentido de influenciar mudança de comportamento ou de atitude, mais do que transmitir conhecimento. Alguns processos são utilizados para desenvolver intravisão (*insight*) interpessoal – consciência de si e dos outros – como meio para mudar atitudes e desenvolver relações humanas, como é o caso da liderança ou da entrevista. Entre as técnicas orientadas para o processo, estão o *role-playing*, a simulação, o treinamento da sensitividade, o treinamento de grupos etc.

- **Técnicas de treinamento mistas:** por meio das quais se transmite informação e se procura mudar atitudes e comportamentos. São utilizadas tanto para transmitir conhecimentos ou conteúdo quanto para alcançar objetivos estabelecidos para as técnicas orientadas para o processo. Entre as técnicas mistas sobressaem métodos de conferências, estudos de casos, simulações e jogos, e várias técnicas *on the job*. Ao mesmo tempo em que veiculam conhecimentos ou conteúdo, procuram mudar atitude, consciência de si e eficácia interpessoal. Entre as técnicas de treinamento no cargo (*on the job*), estão a instrução no cargo, o treinamento de orientação, o treinamento de iniciação, a rotação de cargos etc.

2. **Técnicas de treinamento quanto ao tempo:** podem ser classificadas em dois tipos: técnicas aplicadas antes do ingresso no trabalho (treinamento de indução ou de integração) e técnicas aplicadas depois do ingresso no trabalho.

- **Treinamento de indução ou programa de integração à empresa:** visa à adaptação e à ambientação inicial do novo empregado à empresa e ao ambiente social e físico onde irá trabalhar. A introdução de um colaborador novo ao seu trabalho é feita por meio de uma programação sistemática, conduzida pelo seu gestor, por um instrutor especializado ou por um colega. É o chamado "programa de integração" ou "programa de indução". Esse programa visa à introdução do colaborador no seu local de trabalho e permite vantagens, como:
  - O novo colaborador recebe informações gerais de que necessita sobre a empresa, como normas, regulamentos e procedimentos que o afetam, de maneira racional, para que seu ajustamento seja rápido.
  - Redução no número de demissões ou de ações corretivas graças ao conhecimento dos regulamentos da empresa.

- O gestor pode explicar ao novo colaborador sua posição na organização.
- O novo colaborador é instruído de acordo com os requisitos definidos na descrição do cargo que irá ocupar.

■ **Treinamento depois do ingresso no trabalho:** o treinamento após o ingresso no cargo pode ser feito sob dois aspectos:
- Treinamento no local de trabalho (em serviço).
- Treinamento fora do local de trabalho (fora do serviço).

3. **Técnicas de treinamento quanto ao local de aplicação:** as técnicas de treinamento são classificadas em treinamento no local de trabalho (*on the job*) e treinamento fora do local de trabalho. A primeira refere-se ao treinamento que se desenvolve enquanto o treinando executa tarefas no próprio local do trabalho, enquanto a segunda tem lugar em uma sala de aulas ou local preparado para essa atividade.

■ **Treinamento no local de trabalho:** pode ser ministrado por meio de colaboradores, gestores ou especialistas de *staff*. Não requer acomodações ou equipamentos especiais e constitui a forma mais comum de treinamento. Encontra grande acolhida, em razão de sua praticidade, pois o colaborador aprende enquanto trabalha. Empresas de pequeno e médio portes investem em treinamento dessa maneira. O treinamento no trabalho apresenta várias modalidades, entre elas:

Acesse conteúdo sobre **A evolução da tecnologia de treinamento** na seção *Tendências em GH 3.1*

- Admissão de *trainees* a serem treinados em certos cargos.
- Rodízio de cargos.
- Treinamento em tarefas.
- Enriquecimento do cargo.

■ **Treinamento fora do local de trabalho:** a maioria dos programas de treinamento processados fora do serviço não é diretamente relacionada ao trabalho: geralmente, é suplementar ao treinamento em serviço. A vantagem é a total imersão do treinando no treinamento, o que não é possível quando ele está envolvido com as tarefas do cargo.

As principais técnicas de treinamento fora do trabalho são:

Acesse conteúdo sobre **Jogos: gamification** na seção *Tendências em GH 3.2*

- Aulas expositivas.
- Palestras e conferências.
- Seminários e *workshops*.
- Filmes, dispositivos (*slides*), videoteipe (televisão).
- Método do caso (estudos de casos).
- Discussão em grupo, painéis, debates.

- Dramatização (*role-playing*).
- Simulação e jogos.
- Instrução programada.
- Oficinas de trabalho.
- Reuniões técnicas.

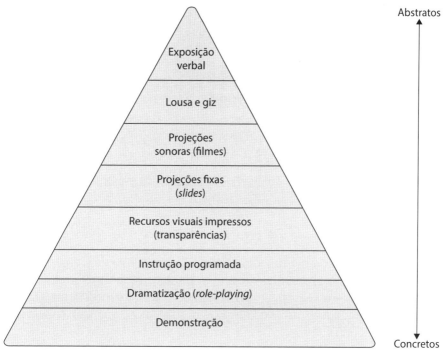

Figura 3.16 Classificação dos recursos audiovisuais.[44]

3.5.2 Indicadores de resultados

Vimos anteriormente que o treinamento não é um fim em si mesmo, mas o meio para se alcançar determinados objetivos. Ou melhor, alcançar resultados. Daí a necessidade de definir antecipadamente quais os resultados de treinamento a serem alcançados. Se possível, alcançar resultados quantitativos. Quase sempre os resultados constituem uma resposta às necessidades *a priori* ou *a posteriori* relacionadas no levantamento das necessidades de treinamento. O treinamento somente se torna eficaz à medida que alcança seus objetivos: atender adequadamente às necessidades diagnosticadas ou necessárias. A terapêutica e a posologia adequadas indicadas pelo diagnóstico poderão ajudar muito. Se o diagnóstico não for correto, claro e preciso, a necessidade não será atendida e o resultado não será atingido. É importante lembrar que aprendizagem não significa adquirir conteúdo, mas colocar o conhecimento para fora por meio de um desempenho melhorado. Aprender é sempre fazer algo melhor. E aprender, desaprender e reaprender é o novo normal para os novos tempos.

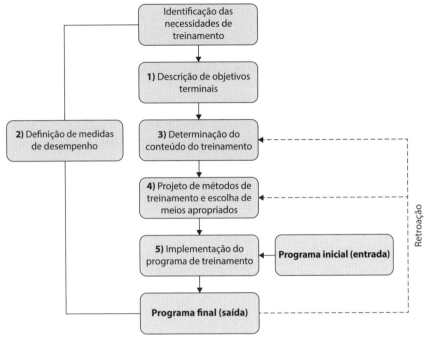

Figura 3.17 Fluxograma de preparação de atividades de treinamento.[45]

O planejamento do treinamento – ou desenho do programa de treinamento – requer a colaboração estreita entre o cliente – gestor ou unidade organizacional – e o consultor interno de treinamento – o analista de treinamento. Ambos devem buscar a identificação do conteúdo mais adequado às necessidades diagnosticadas e do processo mais eficaz para o aprendizado. Conteúdo e processo devem ser escolhidos no sentido de utilizar modernos conceitos de gestão de pessoas de maneira a abordar ideias inovadoras nas práticas cotidianas. Isso permite inovações no aprendizado.

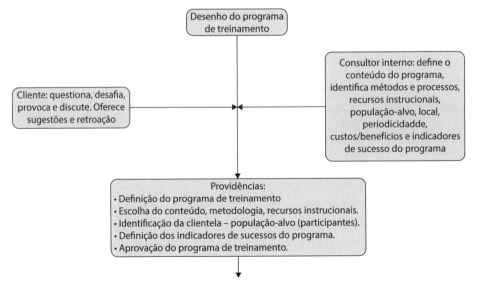

Figura 3.18 Esquema de análise das necessidades de treinamento.

O programa de treinamento deve ser o resultado de uma parceria entre o cliente e o consultor interno em todos os seus aspectos.

Quadro 3.3 Diferenças entre o estudo de casos e o *role-playing*[46]

Estudo de casos	Role-playing (dramatização)
■ Apresenta um problema para discussão	■ Coloca o problema dentro de uma situação real
■ Deriva o problema de acontecimentos prévios	■ Envolve o problema com processos atuais
■ Lida frequentemente com problemas que envolvam outras pessoas	■ Lida geralmente com problemas que envolvem os participantes em si
■ Lida com aspectos emocionais e atitudinais dentro de um ponto de referência intelectual	■ Lida com aspectos emocionais e atitudinais dentro de um ponto de referência experimental
■ Enfatiza a importância dos fatos	■ Enfatiza a importância dos sentimentos
■ Envolve tipicamente discussão de uma posição psicológica "externa" à situação problemática	■ Lida com participantes que estão psicologicamente "dentro" da situação problemática
■ Facilita o envolvimento intelectual	■ Feita para o envolvimento emocional
■ Proporciona prática na análise de problemas	■ Proporciona prática nas habilidades interpessoais
■ Proporciona desenvolvimento de ideias e hipóteses	■ Proporciona averiguações de ideias e hipóteses
■ Treina o exercício de julgamento	■ Treina o controle emocional
■ Define a ação ou solução	■ Proporciona a execução da ação ou solução
■ Envolve ações cujas consequências são, geralmente, indeterminadas	■ Envolve retroação contínua

Quadro 3.4 As diferenças básicas entre *coaching* e *mentoring*[47]

Coaching	Mentoring
■ Condução ativa da pessoa pelo superior imediato	■ Orientação profissional por alguma pessoa da organização
■ Estilo de liderança e supervisão	■ Estilo de desenvolvimento da carreira
■ Foco no curto prazo e no cotidiano	■ Foco no longo prazo e no futuro
■ Relação entre líder e subordinado	■ Relação entre protetor e protegido
■ Impulso no trabalho atual	■ Impulso no encarreiramento futuro

3.6 TECNOLOGIA DE TREINAMENTO

A tecnologia educacional envolve um modo sistêmico de planejamento, estruturação, implementação e avaliação do processo total da aprendizagem e da instrução, baseado em conhecimentos científicos multidisciplinares, orientado para a obtenção de resultados baseados na relação custo/benefício. A tecnologia educacional é basicamente um enfoque sistêmico que situa a aprendizagem humana como o resultado a alcançar e tenta otimizar as estratégias que levam a melhor efetividade nos processos que influem na obtenção de melhores padrões de comportamento na organização.

Assim, a tecnologia educacional pode ser desdobrada em dois tipos de sistemas:

- **Sistemas físicos ou concretos (*hardware*)**: são os recursos instrucionais, como máquinas, máquinas inteligentes, instalações, veículos etc.

- **Sistemas conceituais ou abstratos (*software*)**: são as formas e os conteúdos a ser transmitidos, como programas e conteúdos de treinamento.

A tecnologia de treinamento está relacionada com os recursos didáticos, pedagógicos e instrucionais utilizados no treinamento. A tecnologia da informação (TI) está influenciando fortemente os métodos de treinamento e reduzindo custos operacionais.

Novas técnicas de treinamento estão se impondo às técnicas tradicionais, tais como:[48]

- **Recursos audiovisuais**: imagens visuais e informação em áudio são ferramentas de comunicação muito poderosas. Os programas de treinamento podem ser gravados, distribuídos e apresentados em vários locais diferentes, em qualquer tempo ou ocasião.

- **Teleconferência e videoconferência**: é o uso de equipamento de áudio e vídeo para permitir que pessoas participem de reuniões mesmo em lugares diferentes e distantes da localidade do evento. Na teleconferência, todas as pessoas – embora fisicamente distantes – participam ativamente da discussão, enquanto na videoconferência o palestrante ou conferencista assume toda a comunicação. Ambas podem ser gravadas e reproduzidas à vontade, proporcionando um banco de videoconferências.

- **Comunicações eletrônicas**: os avanços da TI estão permitindo comunicações interativas entre pessoas fisicamente distantes. Pelo correio de voz (*voice mail*), o emissário atua como fonte, enviando uma mensagem às demais pessoas dentro da rede da organização.

- **Correio eletrônico**: o e-mail é uma forma de comunicação eletrônica que permite às pessoas se comunicarem com outras por meio de mensagens eletrônicas enviadas por redes de computadores, internet ou intranet.

- **Tecnologia de multimídia**: é a comunicação eletrônica que integra voz, vídeo e texto, codificados digitalmente e transportados por redes de fibras ópticas.

- **Ensino a distância**: o *e-learning*, ou ensino *on-line*, ou treinamento baseado na *web*, utiliza processos de ensino e aprendizado que são apoiados e mediados pela TI, transmitidos por meio da internet, para ser captados por computador ou dispositivos eletrônicos – celular, *smartphones* ou TV interativa –, da internet privada ou extranet, e que quase sempre envolvem recursos de colaboração e interação, como e-mails, boletins, grupos de discussão, *chats* etc. Envolvem também a participação do instrutor ou tutor durante todo o processo educacional para incentivar e orientar os alunos. O ensino a distância pode ser feito por meio de três abordagens:

- **Aprendizagem síncrona (*synchronous learning*)**: é a aprendizagem em tempo real por meio de um instrutor que guia os alunos sincronizados ao mesmo tempo e que se comunica de modo *on-line* e direto com cada um. O instrutor mantém o controle sobre a classe (geralmente distribuída e distante fisicamente), permitindo que os alunos levantem suas mãos eletrônicas para perguntas e interação. Os alunos e os professores utilizam um quadro branco (*keyboard*) para visualizar o progresso e compartilhar o conhecimento. Parte do conteúdo pode ser distribuído via *web* ou papel.

- **Aprendizagem assíncrona (*asynchronous learning*)**: é a aprendizagem em que a interação entre professores, alunos e tutores é assíncrona, isto é, ocorre de maneira imprevista ou em períodos diferentes de tempo. Geralmente, ocorre em cursos em que a duração é determinada pelo aluno e o conteúdo é disponibilizado para utilização em qualquer época ou período, à escolha do aluno.

- **Aprendizagem híbrida (*blended learning*)**: é a aprendizagem que combina vários tipos de meios de aprendizagem, tanto por meio de tecnologias (*e-learning*) quanto por meio de métodos tradicionais, como o ensino presencial ou telepresencial.

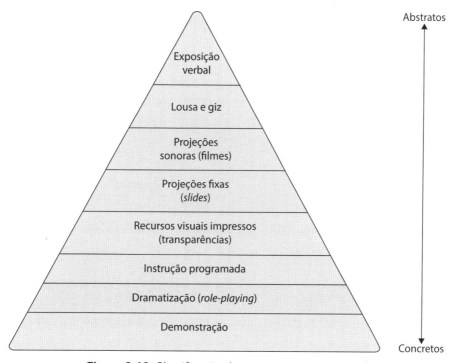

Figura 3.19 Classificação dos recursos instrucionais.[49]

Campbell *et al.* referem-se a alguns exageros, mostrando que muitos estudos sérios e objetivos sobre problemas relacionados com o que deve ser aprendido e como deve ser aprendido gozam de menos prestígio do que certos programas atrativos e rebuscados que despertam fortemente a atenção de patrocinadores, treinadores e treinandos.[50] Salientam que nem sempre o tipo mais eficaz de T&D é o mais atrativo e cintilante, e que a ilusão de aprender substitui, muitas vezes, a verdadeira aprendizagem.

Campbell[51] localiza duas linhas mestras que caracterizam as atuais concepções psicológicas em T&D:

- A primeira compõe-se de teorias psicológicas sobre aprendizagem, atitudes e motivação que abordam modificação do comportamento e que trazem novas direções em psicologia das diferenças individuais intimamente relacionadas com problemas de seleção de pessoal e treinamento; teoria da comunicação humana, análise e sistemas etc.
- A segunda linha básica da psicologia do T&D abrange desenvolvimentos recentes em técnicas e procedimentos como novos modelos de DO, com a grade administrativa de Blake e Mouton, a abordagem da pesquisa e ação de Baer, Zaner e outros, o perfil organizacional de Likert etc.

McGehee e Thayer[52] apontam alguns critérios que ajudam a ponderar na decisão quanto à escolha das técnicas mais adequadas ao alcance dos objetivos de treinamento:

- Tipo de comportamento a ser adquirido (habilidades motoras, conceitos, habilidades verbais, atitudes etc.).
- Número de talentos a serem treinados.
- Nível atual de capacitação dos treinandos.
- Diferenças individuais entre os treinandos.
- Relação de custo/benefício do programa.
- Incorporação de princípios de aprendizagem, como motivação, oportunidade para aplicação prática, reforço, conhecimento dos resultados, significado e superaprendizagem.

Quadro 3.5 Recursos instrucionais

Recursos visuais		Recursos auditivos
Elementos ou códigos		**Elementos ou códigos**
■ Ilustrações (desenho, pintura e caricatura)		■ Linguagem oral
■ Fotografia ou projeção		■ Música
■ Símbolos (linguísticos, matemáticos etc.)		■ Ruídos (efeitos sonoros)
■ Materiais tridimensionais		
Materiais ou veículos		**Materiais ou veículos**
■ Quadro de giz	■ Álbum seriado	■ Rádio, TV ou TV interativa
■ Flanelógrafo	■ Mural didático	■ Recursos audiovisuais
■ Imanógrafo	■ Exposição	■ CD-ROM
■ Quadros	■ Gráficos	■ Videoconferência
■ Cartas	■ Diagramas	■ Teleconferência
■ Gravura	■ Mapas	■ Comunicações eletrônicas
■ Modelos	■ Objetos	■ Correio eletrônico

(continua)

(continuação)

■ Museus ■ Dispositivos ■ Filmes ■ Fotografias ou *slides*	■ Espécimes ■ Transparências ■ Cinema mudo	■ Tecnologia de multimídia ■ Internet
Recursos audiovisuais		
Não projetáveis	**Projetáveis**	
■ Dramatização ■ Excursão ■ Visita	■ Dispositivos e filmes com som ■ Cinema sonoro, vídeos, CD-ROM ■ Transparências, multimídia	

3.7 EXECUÇÃO DO TREINAMENTO

É a terceira etapa do processo de treinamento. Em função das necessidades diagnosticadas e uma vez elaborado o programa de treinamento, o próximo passo é a sua execução. A execução ou implementação do treinamento pressupõe o binômio instrutor × aprendiz. Os aprendizes são as pessoas situadas em qualquer nível hierárquico da empresa e que necessitam aprender ou melhorar seus conhecimentos ou competências sobre alguma atividade ou trabalho. Os instrutores são as pessoas situadas em qualquer nível hierárquico da empresa, experientes ou especializadas em determinada atividade ou trabalho e que transmitem seus conhecimentos aos aprendizes. Assim, os aprendizes podem ser *trainees*, auxiliares, chefes ou gestores, e os instrutores também podem ser auxiliares, chefes ou gestores ou, ainda, o pessoal da área de treinamento ou consultores/especialistas contratados.

SAIBA MAIS **Ensinar e aprender**

Além disso, o treinamento pressupõe uma relação de instrução × aprendizagem. Instrução é o ensino organizado de certa tarefa ou atividade. Aprendizagem é a incorporação daquilo que foi instruído ao comportamento do indivíduo. Portanto, aprender é modificar o comportamento em direção ao que foi instruído. Nem sempre o ensinar – do lado do instrutor – significa o aprender – do lado do aprendiz. Ambos devem ser totalmente integrados de maneira que o aprendiz aprenda exatamente aquilo que o instrutor ensinou. Assim, toda a ênfase deve ser colocada no aprender e não apenas no ensinar.

A execução do treinamento depende dos seguintes fatores:

■ **Adequação do programa de treinamento às necessidades da organização e do aprendiz**: a decisão de estabelecer programas de treinamento depende da necessidade de melhorar o nível dos colaboradores. O treinamento deve ser a solução dos problemas que deram origem às necessidades diagnosticadas ou percebidas, mas deve estar adequado às necessidades tanto da organização quanto dos colaboradores.

- **A qualidade do material de treinamento apresentado**: o material de ensino deve ser planejado a fim de facilitar e ajudar a execução do treinamento. O material de ensino visa concretizar a instrução, facilitar a compreensão pela utilização de recursos audiovisuais eficazes, aumentar o rendimento do treinamento e racionalizar a tarefa do instrutor.

- **A cooperação dos gestores e dirigentes da empresa**: o treinamento deve ser feito com todo o pessoal da empresa, em todos os níveis e funções, em um mutirão de esforços coordenados. Sua manutenção envolve um grande esforço e entusiasmo por parte de todos aqueles que estejam ligados ao assunto, além de implicar um custo que deve ser encarado como um investimento que capitalizará dividendos no médio e no curto prazo e não uma despesa inativa e sem retorno. É necessário contar com o espírito de cooperação do pessoal e com o apoio dos dirigentes, pois todos os gestores devem participar na execução do programa.

Acesse conteúdo sobre **O coaching** na seção *Tendências em GH* 3.3

Aumente seus conhecimentos sobre **Gestão da execução do treinamento** na seção *Saiba mais* TDRH 3.7

- **A qualidade e o preparo dos instrutores**: o êxito da execução dependerá do interesse, do gabarito e do treinamento dos instrutores. É importante o critério de seleção dos instrutores. Esses deverão reunir qualidades pessoais, como facilidade no relacionamento humano, motivação, raciocínio, didática, exposição fácil, além do conhecimento da especialidade. Os instrutores podem ser selecionados entre os vários níveis e áreas da empresa, devem conhecer as responsabilidades da função e estar dispostos a assumi-las.

- **A qualidade dos aprendizes**: a qualidade dos aprendizes influi nos resultados do programa de treinamento. Os melhores resultados são obtidos com uma seleção adequada dos aprendizes, em função da forma e do conteúdo do programa e dos objetivos do treinamento, para que se tenha um grupo homogêneo de pessoas. Em grupos heterogêneos, o *timing* de todos será sempre limitado ao aprendiz mais lento.

A execução do treinamento requer uma forte parceria entre cliente e consultor interno. Embora possa ser implementada pelo próprio cliente, pelo órgão de T&D ou por empresa externa à execução, requer uma integração de esforços para que proporcione os resultados esperados e alcance os objetivos pretendidos.

Capítulo 3 – Treinamento e Desenvolvimento de Pessoas

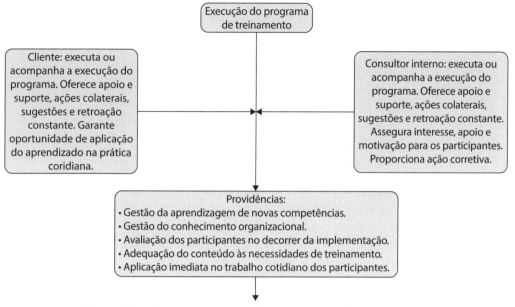

Figura 3.20 Esquema de execução do programa de treinamento.

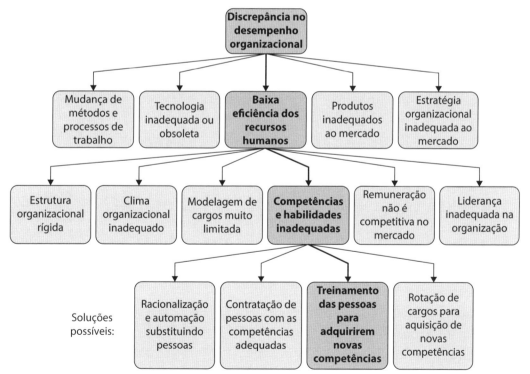

Figura 3.21 Treinamento como solução para a melhoria do desempenho organizacional.[53]

VOLTANDO AO CASO INTRODUTÓRIO
JJK SuperLog Transportes Ltda.

Fátima apresentou para Carlos um plano de T&D, considerando as competências necessárias para que cada área possa melhorar sua eficiência e eficácia. Carlos acredita que os treinamentos irão trazer resultados muito positivos, como redução de desperdícios, aumento da retenção de clientes, aumento da satisfação dos colaborares etc. Todavia, para que isso ocorra, existe a necessidade inicial de identificar as necessidades de treinamento, tanto do setor administrativo quanto dos motoristas, mecânicos etc., além de montar um planejamento adequado para que a realização tenha sucesso. Fátima apresentou para Carlos uma proposta de treinamento. Coloque-se no lugar de Fátima e monte a apresentação de uma proposta, considerando todas as etapas do processo de treinamento até sua execução.

3.8 AVALIAÇÃO DOS RESULTADOS DO TREINAMENTO

A etapa final do processo de treinamento é a avaliação dos resultados obtidos. O programa de treinamento deve ter uma avaliação de sua eficiência. Assim, a avaliação deve considerar dois aspectos:

- Verificar se o treinamento produziu as modificações desejadas no comportamento dos colaboradores.
- Verificar se os resultados do treinamento provocaram algum impacto positivo no alcance das metas da empresa.

Além dessas duas questões, é preciso verificar se as técnicas de treinamento escolhidas são eficazes no alcance dos objetivos propostos.

A avaliação dos resultados do treinamento pode ser feita em três níveis:

1. **Avaliação ao nível organizacional:** o treinamento deve proporcionar resultados como:
   - Aumento da eficácia organizacional.
   - Melhoria da imagem da empresa.
   - Melhoria do clima organizacional.
   - Melhor relacionamento empresa × colaboradores.
   - Facilidade nas mudanças e na inovação.
   - Aumento da eficiência operacional etc.
2. **Avaliação ao nível da GH**: o treinamento deve proporcionar resultados como:
   - Redução da rotatividade de pessoal.
   - Redução do absenteísmo.
   - Aumento da eficiência individual dos colaboradores.
   - Aumento das habilidades das pessoas.
   - Aumento do conhecimento das pessoas.
   - Mudanças de atitudes e de comportamentos das pessoas etc.

3. **Avaliação ao nível das tarefas e das operações**: o treinamento deve proporcionar resultados como:
   - Aumento de produtividade.
   - Melhoria da qualidade dos produtos e dos serviços.
   - Aumento na velocidade do fluxo da produção.
   - Melhor atendimento ao cliente.
   - Redução do índice de acidentes.
   - Redução do índice de manutenção de máquinas e equipamentos etc.

De um ponto de vista mais amplo, o treinamento parece ser uma resposta lógica a um quadro de condições ambientais mutáveis e a novos requisitos para a sobrevivência e o crescimento organizacional. Os critérios de eficácia do treinamento tornam-se significativos quando considerados em conjunto com as mudanças no ambiente organizacional, na velocidade dos avanços tecnológicos e nas demandas do mercado sobre a organização.

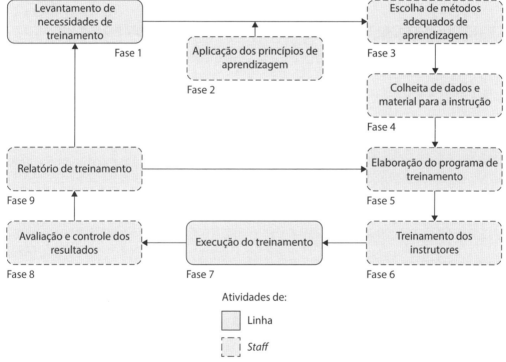

Figura 3.22 Ciclo do treinamento.[54]

A medição dos resultados de treinamento deve atender a três critérios de eficácia:[55]
1. **Critério da relevância**: o treinamento deve desenvolver seus esforços em direção aos tópicos e alvos mais importantes. O treinamento em habilidades mecânicas pode ser julgado menos relevante para um gerente do que os esforços para se aperfeiçoar em planejamento e em comunicações.
2. **Critério da transferibilidade**: refere-se ao grau em que habilidades e comportamentos adquiridos em situações de aprendizagem podem ser aplicados à situação de trabalho. Se

um gerente aprende novos comportamentos que entrarão em conflito com as expectativas de seu superior, colegas ou subordinados, sua aprendizagem terá pouca transferência para a situação de trabalho.

3. **Critério do alinhamento sistêmico**: refere-se ao grau em que os comportamentos aprendidos e aplicados em alguma área da organização também podem ser aplicados em outras áreas do sistema. Uma unidade de trabalho pode aprender novos padrões de comportamento que aumentam substancialmente seu potencial de contribuição para a organização. Essa contribuição potencial somente poderá ser realizada à medida que as outras áreas da organização são igualmente preparadas para utilizá-la. Mudanças de comportamento e de atitudes entre enfermeiros de um hospital, quanto à responsabilidade pela qualidade dos serviços prestados por uma equipe de trabalho, poderão não ter eficácia sem mudanças complementares nas atitudes e nos comportamentos dos médicos e do pessoal administrativo.

Esses três critérios de eficácia do T&D tornam-se significativos quando considerados em conjunto com as mudanças no ambiente organizacional e nas demandas sobre a organização.

3.9 RETORNO DO INVESTIMENTO EM TREINAMENTO

Alguns empresários ainda resistem à ideia de treinar seus empregados e parecem temer investir para treinar pessoal, com receio de perdê-lo para a concorrência, preferindo recrutar no mercado funcionários com alguma experiência e treinamento. São poucos os empresários que encaram o treinamento como uma forma de reduzir custos e aumentar a produtividade. A maioria prefere considerar o treinamento como uma função social e não econômica, como uma despesa e não um investimento que pode trazer valiosos retornos.[56]

Por outro lado, as empresas estão preocupadas com o retorno do investimento feito em treinamento. As medidas de retorno do investimento estão fazendo parte do processo de avaliação do treinamento. Trata-se de estimar os custos e os benefícios decorrentes, uma vez que os valores aplicados em treinamento estão aumentando gradativamente. Algumas empresas chegam a dedicar uma parcela equivalente a 4% do seu faturamento para programas de treinamento, mudança e melhoria organizacional. É muito investimento para ficar sem retorno definido.

3.9.1 Modelos de medição da aprendizagem

Existem três modelos para medir o aprendizado:

- **Modelo baseado no aprendiz**: esse modelo captura dados dos participantes do treinamento em dois pontos do processo de aprendizagem. O primeiro ocorre logo após a intervenção de aprendizagem (pós-evento) para avaliar a satisfação e a eficácia do aprendizado. Como permite alto grau de resposta, pode-se também capturar indicadores de níveis mais avançados de treinamento, como impacto no cargo, resultados nos negócios e no retorno sobre o investimento (*return on investment* – ROI), que ajudam a prever ou predizer futuros impactos do treinamento. O segundo ponto de coleta de dados está na pesquisa de acompanhamento (*follow-up survey*) conduzida logo após o participante retomar ao trabalho. Essa pesquisa busca indicadores preditivos para os níveis 3, 4 e 5 por meio de estimativas a respeito de como o participante poderia aplicar aquilo que aprendeu com o treinamento. Essa abordagem é de baixo custo se a organização aproveita os dados coligidos ao longo das atividades de treinamento para capturar, processar e relatar os dados. As medições baseadas no aprendiz podem ser facilmente implementadas para todas as atividades de aprendizagem.

- **Modelo baseado no gestor**: esse método tem os mesmos pontos de coleta de dados e adiciona a dimensão baseada no gestor. O gestor do participante do treinamento utiliza instrumentos de avaliação para avaliar o aprendizado do participante. A pesquisa baseada no gestor focaliza o impacto do treinamento no desempenho do cargo, nos resultados do negócio e no ROI dentro da perspectiva do gerente. Essa pesquisa pode também cobrir o apoio ou suporte oferecido pelo gestor para que o participante utilize realmente o que aprendeu no treinamento. O custo e o tempo para medir são mais altos do que na abordagem baseada no aprendiz. A automação e a tecnologia podem facilitar a disseminação, a coleta, o processamento e o relato dos dados para reduzir o custo e o tempo envolvidos. Pode-se adotar uma base contínua para cada evento de aprendizagem que o participante assista ou uma base periódica para programas estratégicos quando os dados são mais relevantes.

- **Modelo baseado no analista**: essa abordagem utiliza pesquisas mais amplas e compreensivas de seguimento (*follow-up*) feitas pelo analista de treinamento após o programa de treinamento alinhadas com pesquisas com os gerentes dos participantes. Pode utilizar táticas analíticas variadas. Para analisar o nível 2 (eficácia do aprendizado), pode-se detalhar e desenhar um teste a ser respondido pelos participantes e uma pesquisa sobre a avaliação do desempenho pelos gerentes. Esse modelo é mais estratégico e tem um orçamento mais custoso e demorado.

3.9.2 Os cinco níveis do treinamento

Para Kirkpatrick, a mensuração dos resultados do treinamento pode situar-se em cinco diferentes níveis de profundidade:[57]

1. **Reação e/ou satisfação e ação planejada**: é o nível mais superficial de reação e/ou satisfação – ou teste do sorriso – e mostra apenas a reação ou a satisfação pessoal dos participantes em relação ao programa ou à experiência do treinamento. É o nível mais elementar e se caracteriza pelo foco no programa, no facilitador e sobre como a aplicação do treinamento pode ocorrer na prática.

2. **Aprendizado de novas habilidades**: é o nível em que os aprendizes adquirem novas habilidades e conhecimentos e mudam suas atitudes e comportamentos como resultante do treinamento. É o foco nos aprendizes e nos mecanismos de aprendizagem. Nesse nível, as pessoas constroem novas habilidades que melhoram seu desempenho individual e beneficiam a empresa.

3. **Aplicação no trabalho das habilidades aprendidas**: focaliza os aprendizes no seu trabalho e nos meios para aplicar o que foi aprendido. Nesse nível, as pessoas alcançam habilidades de aprendizagem, aplicam-nas ao trabalho e adotam novas atitudes que mudam seu comportamento. As mudanças comportamentais podem ser observadas em 360° ou nas pesquisas sobre colaboradores. Se não há mudanças comportamentais, o treinamento não está funcionando ou o programa de treinamento não resolveu o problema.

Quando o colaborador retorna ao ambiente de trabalho, muitos fatores podem apoiar a mudança comportamental, inclusive o papel do gestor em modelar e criar um clima que apoia a tentativa de um novo comportamento. Ou então o ambiente de trabalho é hostil a qualquer mudança comportamental. Nesse caso, o treinamento não consegue ser aplicado na prática.

4. **Impacto nos resultados do negócio**: nesse nível, o treinamento produz um impacto direto nos resultados do negócio, reduzindo custos operacionais, aumentando lucros, melhorando a qualidade do trabalho, diminuindo a rotatividade ou acelerando o tempo de ciclo de produção. O foco está na transmissão das habilidades e competências para alcançar resultados que afetam o negócio em termos de produtividade, qualidade, custos, redução do tempo, serviço ao cliente e clima de trabalho.

5. **ROI**: é o nível mais profundo, em que o treinamento produz forte impacto monetário nos negócios da empresa. O treinamento traz um retorno financeiro à empresa: quando é positivo, o treinamento traz lucro; quando é negativo, provoca prejuízo. Esse nível foi acrescentado posteriormente.

A necessidade de avaliar o ROI está relacionada com os custos e os benefícios envolvidos nos programas de treinamento. O ROI tem muitas conotações, dependendo das percepções e das motivações de cada usuário. É realmente uma medida do valor percebido. E o valor pode ter diferentes significados para cada usuário ou grupo de interesse que avalia o programa de treinamento. Cada *stakeholder* tem sua maneira própria de avaliar. A questão mais importante para o cálculo da medida de aprendizagem é: como os usuários dessa informação definem valor? Isso requer uma abordagem balanceada da medição do aprendizado, e essa abordagem requer uma compreensão ampla das percepções dos usuários ou grupos de interesses a respeito do ROI.[58]

Posteriormente, Paul Leone[59] acrescentou um sexto nível – transferência para o clima organizacional – como um elemento crucial na maneira como o treinamento pode influenciar o clima no sentido de favorecer e facilitar a transferência do aprendizado e sua aplicação cotidiana no ambiente de trabalho.

Medidas de eficácia	Métodos de avaliação
Nível 1: reação	O aprendiz responde satisfatoriamente à pesquisa (satisfação com a experiência de treinamento).
Nível 2: conhecimento	O aprendiz responde com aprendizagem completa à pesquisa (novos conhecimentos e habilidades adquiridos).
Nível 3: comportamento	Avaliação posterior do gerente indica que o aprendiz mantém a aprendizagem após o evento (melhoria observável nas habilidades).
Nível 4: impacto	Avaliação posterior do gerente indica que o aprendiz ainda mantém o aprendizado do evento (aumento da produtividade no médio prazo).
Nível 5: ROI	Análise de custos/benefícios reflete aumento produtividade no médio prazo.
Nível 6: transferência de clima	Envolve fatores no ambiente de trabalho do aprendiz (clima) que ajudam ou impulsionam a transferência da aprendizagem.

Figura 3.23 Os seis níveis de avaliação da eficácia do treinamento.

Capítulo 3 – Treinamento e Desenvolvimento de Pessoas

VOLTANDO AO CASO INTRODUTÓRIO
JJK SuperLog Transportes Ltda.
Carlos estava feliz, pois o plano de T&D de pessoas estava sendo executado. Muitos colaboradores estavam sendo capacitados, coisa que há muito não se via na empresa. Todavia, em uma reunião com Fátima, Carlos manifestou sua preocupação. Ele teria uma reunião com o Conselho para apresentar os resultados financeiros da empresa, os investimentos e os resultados operacionais de todas as áreas, bem como as despesas e as receitas. Com certeza, seria questionado sobre os resultados dos treinamentos que estava realizando na empresa. No lugar de Fátima, como você ajudaria Carlos a apresentar os resultados vindos do programa de T&D?

3.9.3 Ensino a distância

O ensino a distância (EAD) está expandindo-se por duas razões fundamentais: o uso da internet e das intranets, que trazem agilidade, rapidez, economia, facilidade etc., e a grande evolução da TI. Empresas e universidades estão intensificando o EAD em detrimento das aulas presenciais. Por meio da *web*, uma pessoa de qualquer lugar do mundo pode fazer um curso em qualquer tempo, sem sair de casa ou da empresa. Cursos *on-line*, MBAs e treinamentos virtuais ajudam a capacitar e reciclar colaboradores com rapidez, facilidade e baixíssimos custos. Sem local centralizado, nem professores em tempo integral ou horário fixo e rígido, o ensino *on-line* está caminhando a passos rápidos. A rede corporativa ganhou peso no processo de treinamento, incorporando novos serviços, facilidades de inscrição, material de apoio etc. São comuns os chamados *sites*, páginas dedicadas a estruturar o intercâmbio de conhecimento entre comunidades de interesses dentro da empresa. Aliás, essas comunidades de interesses estão em alta nas organizações.

3.9.4 Educação corporativa

Muitas organizações estão caminhando gradativamente do T&D para a educação corporativa, em uma migração paulatina e definitiva. A diferença é que o T&D, pela sua própria natureza e configuração, é quase sempre local, tópico, *just-in-time*, reativo, micro-orientado, agregador; já a educação corporativa apresenta a vantagem de ser holística, sistêmica, proativa e sinérgica. Muitas vezes, ela é feita por meio do conceito de universidade corporativa. Essa representa mais um processo, uma mentalidade, um estado de espírito generalizado do que propriamente um local físico ou uma entidade concreta. Nessa visão, as organizações do novo milênio precisarão reunir características simultâneas e fundamentais, os cinco Fs: *fast, focused, flexible, friend* e *fun* (veloz, focada, flexível, amigável e divertida).⁶⁰

Aumente seus conhecimentos sobre **Competências pessoais** na seção *Saiba mais* TDRH 3.8

Em resumo, é preciso fazer a mudança acontecer, viver a mudança e encarar a complexidade e a incerteza. Simplificar e descomplicar as organizações para desamarrá-las do velho entulho burocrático que ainda tolhe o seu funcionamento e o seu avanço. Dar mais liberdade às pessoas para que elas possam utilizar os seus recursos mais importantes: o conhecimento, a inteligência e o seu talento.[61]

SAIBA MAIS — T&D como um processo contínuo e global na organização

O conceito que predomina atualmente é que o T&D deve ser um processo contínuo e reiterado, e não um simples evento único que ocorre apenas uma vez, ocasionalmente. Para que isso possa acontecer, algumas empresas estão partindo para universidades corporativas. Algumas são virtuais, e boa parte delas estende-se além das fronteiras da empresa, envolvendo também nas duas pontas, fornecedores nas entradas e clientes nas saídas e utilizando metodologias de ensino a distância e avançadas tecnologias da informação. O conceito de educação corporativa constitui um processo em si e não necessariamente um local, em que todos os colaboradores, e algumas vezes clientes e fornecedores, participam de uma variedade de experiências de aprendizagem necessárias para melhorar seu desempenho no trabalho, enfrentar desafios e promover mudanças, e incrementar o seu impacto nos negócios. Por tais razões, a função tradicional de T&D converte-se e se expande em uma universidade corporativa.[62]

Meister[63] assinala que as empresas estão se transformando em organizações educadoras e desenvolvendo educação corporativa em virtude de aspectos como:

- Emergência da organização não hierárquica, enxuta e flexível.
- Advento e consolidação da economia do conhecimento.
- Redução do prazo de validade do conhecimento.
- Novo foco na capacidade de empregabilidade/ocupacionalidade para a vida toda em lugar do emprego para a vida toda.
- Mudança fundamental no mercado da educação global.

TENDÊNCIAS EM GH

Universidades corporativas

Muitas empresas – como Motorola, McDonald's, Grupo Accor, Coca-Cola, Algar e Brahma – têm universidades corporativas, algumas virtuais. A Brahma desenvolveu um MBA próprio, o Master in Brahma Administration, no qual investe pesadamente. As aulas e os treinamentos são ministrados por altos executivos da empresa e alguns consultores convidados. O Grupo Accor inventou a Academia Accor, que forma e desenvolve funcionários de todos os níveis. E se necessário, leva a escola até os alunos, em qualquer canto do país. A Universidade do Hambúrguer da McDonald's representa um investimento de 7 milhões de dólares e tem auditório, laboratório, biblioteca, videoteca, cozinha para testes e sala de edição de vídeo. Recebe pessoal de nível gerencial e empresários do sistema de franquia, além de alunos do Uruguai, do Paraguai, da Argentina, da Bolívia e do Chile. A Caterpillar tem um Centro de Desenvolvimento de Recursos Humanos cobrindo uma área de 3.100 m², um complexo equipado com estúdios multimídia e *softwares* criados para o autodesenvolvimento dos funcionários. São essas empresas que se colocam acima da média das demais.

3.10 COMPETÊNCIAS BÁSICAS

Competências básicas – na forma de conhecimentos, habilidades, atitudes, interesses, traços, valores ou outra característica pessoal – são aquelas características pessoais essenciais para o desempenho da atividade e que diferenciam o desempenho das pessoas. Todo colaborador precisa possuir um portfólio de competências básicas para desenvolver suas atividades na organização.

Quando o colaborador possui um elevado perfil de competências, ele demonstra as qualidades requeridas para levar adiante determinadas missões ou atividades e alcançar objetivos. Pode-se observar as competências básicas no cotidiano de trabalho ou em situações de testes. O importante é adquirir e agregar novas competências que sejam fundamentais para o sucesso do negócio da empresa, sob pena de investir em treinamento sem retorno para as necessidades reais da organização. Daí a gestão por competências: um programa sistematizado e desenvolvido para definir perfis profissionais que proporcionem maior produtividade e adequação ao negócio, identificando pontos de excelência e pontos de carência, suprindo lacunas e agregando conhecimento e tendo por base certos critérios mensuráveis objetivamente. A gestão por competências procura substituir o tradicional levantamento de necessidades de treinamento por uma visão das necessidades do negócio em termos de vantagens competitivas e como as pessoas poderão aportar e agregar valor à empresa. Entretanto, quais são essas competências?

3.11 CONHECIMENTO

Conhecimento é uma mistura da experiência condensada dos valores, de informações contextuais e de *insights* (discernimentos) sucessivos de uma pessoa, que proporciona uma estrutura para a avaliação e a incorporação de novas experiências, informações e conhecimentos.[64] O conhecimento está na mente das pessoas. As pessoas transformam a informação que recebem em conhecimento, fazendo comparações, analisando as consequências, buscando as conexões e conversando com outras pessoas sobre as informações recebidas. Nas organizações, o conhecimento está embutido em documentos, rotinas, processos, práticas e normas organizacionais. O conhecimento conduz à ação no desenvolvimento de novos produtos ou serviços, na tomada de decisões acertadas em relação aos clientes, na formulação de estratégias para enfrentar os concorrentes, na logística a ser adotada, nos processos de trabalho etc. Em tudo. Quando o conhecimento deixa de evoluir, transforma-se em uma opinião ou, o que é pior, em um dogma ou em uma mera rotina ultrapassada e obsoleta. Ele também tem o seu prazo de validade, a sua durabilidade e a sua senectude. Pela sua importância, o conhecimento tem sido considerado um ativo corporativo e as empresas bem-sucedidas perceberam que é necessário geri-lo e cercá-lo do mesmo cuidado que dedicam à obtenção de valor baseado em outros ativos tangíveis, como as finanças. Quanto mais as empresas dominam o conhecimento, maior a sua vantagem competitiva. E por que o conhecimento é vital? Porque todos os aspectos intangíveis que agregam valor à maioria dos produtos e serviços são baseados em conhecimento: *know-how* técnico, projeto de produto, estratégias de marketing, entendimento do cliente, criatividade pessoal e inovação. A inteligência humana está por trás disso tudo. E a própria inteligência organizacional, se é que ela existe em todas as empresas.

SAIBA MAIS **Aproveitamento e aplicação do conhecimento nas organizações**

Há um ciclo para o aproveitamento e a aplicação do conhecimento em uma organização, que varia conforme o autor. É o que chamamos de Gestão do Conhecimento Organizacional. As organizações precisam construir ou capturar o conhecimento, reter ou armazenar o conhecimento, distribuir ou compartilhar o conhecimento entre seus colaboradores e saber aplicar o conhecimento em seus negócios. com esse ciclo, construir uma verdadeira memória organizacional para gerar valor a todos os colaboradores e, a partir daí, entregar valor a todos os seus *stakeholders*. Há uma enorme variedade de formas com que o conhecimento pode ser aplicado e utilizado, dependendo do grau de aprendizagem dos colaboradores e da maneira como cada organização enfatiza o conhecimento e oferece oportunidades de aprendizagem a todos.

3.11.1 Conhecimento e inovação

O conhecimento em si não pode ser diretamente gerenciado e é completamente diferente de gerenciar dados, pois o conhecimento só existe na cabeça das pessoas. Do ponto de vista da organização, como ele é "invisível" e até abstrato, o que importa são as manifestações do conhecimento de cada indivíduo por meio de suas decisões e ações e como essas agregam valor aos processos dos quais participa. Daí a importância do conhecimento nos processos humanos de criação, compartilhamento e uso de conhecimentos individuais e coletivos.[65]

Polanyi[66] definiu o conhecimento tácito, também chamado de *know-how*,[67] como um conhecimento intuitivo e difícil de definir, pois é baseado na experiência pessoal. Esse conhecimento é difícil de explicar, comunicar e é profundamente enraizado na ação, no comprometimento e no envolvimento da pessoa.[68] É considerado a fonte mais valiosa de conhecimento e que conduz a avanços e inovação. Nonaka e Takeuchi criaram um modelo em que mostram as relações entre o conhecimento tácito e o conhecimento implícito.[69]

- **Conhecimento tácito**: é o conhecimento difícil de transferir para outra pessoa por meio de meios como escrita ou verbalização. É encontrado na mente das pessoas e inclui crenças culturais, valores, atitudes, modelos mentais, bem como habilidades, capacidades e conhecimentos.[70]
- **Conhecimento explícito**: é o conhecimento que pode ser rapidamente articulado, codificado, armazenado e acessado. Pode ser facilmente transmitido a outras pessoas. Em geral, é complementar ao conhecimento tácito.

>  **SAIBA MAIS** **Epistemologia**
>
> A epistemologia – ou Teoria do Conhecimento –, desde os tempos de Aristóteles, tem sido o impulso que contribuiu fortemente para a evolução humana nesses 2.400 anos. Cognição e prática alavancaram o ser humano até a Era Digital e às portas da Quarta Revolução Industrial. O conhecimento organizacional está levando à explosão de dados e informações, ao aumento da inteligência artificial, à redução dos custos tecnológicos, a rápidos ciclos de inovação, à globalização dos talentos e ao desempenho dos negócios. É a gradativa eficiência e eficácia do conhecimento.

Figura 3.24 O binômio conhecimento tácito e conhecimento explícito.

Nonaka e Takeuchi[71] mostram como a criação do conhecimento se passa por meio de quatro modos de conversão:

1. **Socialização**: de tácito para tácito, ao criar conhecimento tácito por meio de experiências diretas e compartilhá-las com os outros.
2. **Externalização**: de tácito para explícito, ao articular o conhecimento tácito por meio da reflexão e do diálogo com outros e a criação de um novo conceito. É a conversão do conhecimento tácito em conhecimento explícito.
3. **Combinação**: de explícito para explícito, ao sistematizar e aplicar o conhecimento explícito em bancos de dados, memorandos, notas ou documentos.
4. **Internalização**: de explícito para tácito, ao aprender e adquirir novos conhecimentos tácitos na prática e na experiência.

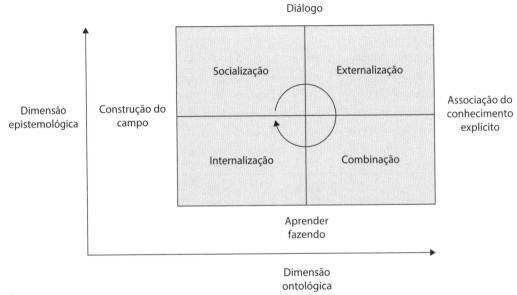

Figura 3.25 A espiral do conhecimento.[72]

Para Nonaka e Takeuchi, a criação do conhecimento é um processo interativo entre o racional e o empírico, entre a mente e o corpo, entre a análise e a experiência, e entre o implícito e o explícito. Acreditam que o conhecimento tácito envolve duas dimensões: uma técnica (*know-how*) e uma cognitiva (modelos mentais, crenças e percepções). A noção de conhecimento de ambas enfatiza *insights*, intuições, ideais, valores, emoções, imagens e símbolos; e questionam a tradição e teorias organizacionais ocidentais à medida que conseguem gerar uma síntese para a criação do conhecimento envolvendo tanto o lado *soft* (emoção, empírico, corpo e implícito) quanto o lado *hard* (razão, dedutivo, mente e explícito).[73]

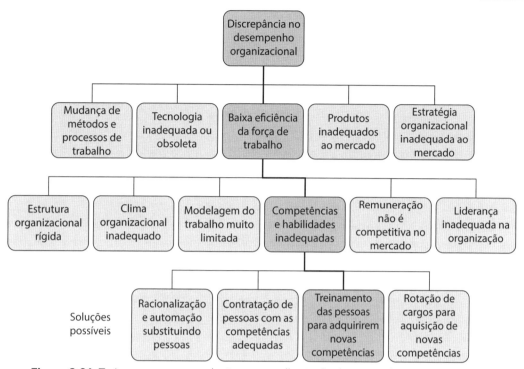

Figura 3.26 Treinamento como solução para melhoria do desempenho organizacional.[74]

3.12 TENDÊNCIAS NOS PROCESSOS DE DESENVOLVER TALENTOS

Desenvolver pessoas significa criar talentos dotados de competências.

 VOLTANDO AO CASO INTRODUTÓRIO
JJK SuperLog Transportes Ltda.

Após Carlos ter apresentado os resultados para o Conselho e ter sido reconhecido como investimento o valor aplicado nos treinamentos para os colaboradores, Murilo, presidente do Conselho, animou-se e pediu um novo plano, mas agora para desenvolver talentos, com a premissa de que esse plano deveria considerar *o estado da arte* no que se refere ao desenvolvimento de pessoas. O objetivo era o de proporcionar maior sustentabilidade e longevidade para a empresa. Novamente, Fátima entra em ação para ajudar Carlos... e você entra em ação para ajudar Fátima. Faça suas sugestões para que a JJK possa ter um plano sustentável, considerando ações que sejam modernas para o desenvolvimento de talentos.

As modernas tendências nos processos de desenvolver talentos são determinadas pelas macrotendências genéricas da GH. Elas mostram o quanto o T&D está se integrando diretamente aos negócios da empresa, ao planejamento estratégico, à contínua busca de qualidade e produtividade e, sobretudo, em direção à competitividade e à sustentabilidade em um ambiente de rápidas mudanças e transformações. Pelo lado das pessoas, essas tendências mostram a inversão de meros agentes passivos para a configuração de novos empreendedores internos do conhecimento. As pessoas estão tomando iniciativas pessoais em busca de sua melhor capacitação profissional. Os gestores estão assumindo, cada vez mais, maior parcela de responsabilidade pelo acréscimo de valor aos seus colaboradores e às suas equipes. E eles e elas estão cada vez mais envolvidos na construção de programas de T&D. Essa é a nova realidade nos processos de desenvolvimento de GH.

> Acesse conteúdo sobre **Processos de desenvolvimento de pessoas** na seção *Tendências em GH 3.4*

Por outro lado, a trajetória do T&D mostra um incrível foco nos resultados a oferecer e no futuro da organização, além de práticas baseadas nas modernas e avançadas tecnologias, como mostra a Figura 3.27.

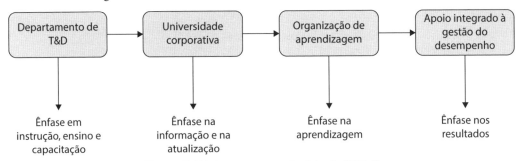

Figura 3.27 A crescente trajetória do T&D.[75]

Em suma, o T&D pode ser complicado, desafiador e caro. Mas acredite: o mundo organizacional seria muitíssimo mais caro e ineficiente sem o T&D. O cenário de mudanças e transformações disruptivas em que vivemos exige que as pessoas estejam sempre armadas e preparadas intelectualmente. Afinal, estamos na Era Digital e frente à Quarta Revolução Industrial. Assim, o T&D é um investimento fundamental nos dias de hoje, tanto para as pessoas quanto para as organizações. Contudo, T&D não é um simples investimento, e sim aquele que, comparado a qualquer outro, é o mais rentável no mundo dos negócios, pois gera e agrega riqueza como nenhum outro investimento e prepara como nenhum outro o futuro do negócio da organização.

> Acesse um caso sobre **O ensino a distância na Embratel e na Xerox** na seção *Caso de apoio* TDRH 3.1

RESUMO

Os recursos organizacionais precisam ser geridos adequadamente. As pessoas são os únicos elementos capazes de autodireção e de desenvolvimento. Como tal, elas têm uma enorme aptidão para o crescimento e o desenvolvimento. Daí a necessidade de subsistemas de desenvolvimento de GH, englobando treinamento – ao nível microscópico – e DO – ao nível macroscópico.

O treinamento é um tipo de educação profissional mais específico do que a formação profissional e o aperfeiçoamento profissional. O treinamento é um processo educacional para gerar mudanças de comportamento. Seu conteúdo envolve transmissão de informações, desenvolvimento de habilidades, de atitudes e de conceitos. O treinamento é uma responsabilidade de linha e uma função de *staff*. É um processo que envolve um ciclo de quatro etapas: levantamento de necessidades, programação de treinamento, implementação e execução e avaliação dos resultados. O levantamento das necessidades envolve um diagnóstico dos problemas de treinamento e pode ser feito em três diferentes níveis de análise: nível organizacional, nível da GH existente e nível das operações e das tarefas que devem ser realizadas. A programação de treinamento visa planejar como as necessidades diagnosticadas deverão ser atendidas: o que treinar, quem, quando, onde e como treinar, a fim de utilizar a tecnologia instrucional mais adequada. A execução do treinamento envolve um binômio instrutor × aprendiz e uma relação instrução × aprendizagem. E a avaliação dos resultados do treinamento visa à obtenção de retroação do sistema e pode ser feita ao nível organizacional da GH ou ao nível das tarefas e das operações.

Por outro lado, o T&D está passando por verdadeira revolução com o EAD e com a proliferação de universidades corporativas. Além disso, a ênfase sobre as competências básicas e a gestão do conhecimento está ampliando fortemente os horizontes do T&D.

TÓPICOS PRINCIPAIS

Análise das operações e das tarefas	Análise organizacional	Análise da GH
Aperfeiçoamento profissional	Aprendiz	Aprendizagem
Aprendizagem organizacional	Avaliação dos resultados	Desenvolvimento
Diagnóstico de treinamento	Educação	Educação corporativa
Educação profissional	*E-learning*	EAD
Formação profissional	Gestão do conhecimento	Indicadores *a posteriori*
Indicadores *a priori*	Instrutor	Técnicas de treinamento
Levantamento de necessidades de treinamento	Mudança de comportamento	Organização de aprendizagem
Programação de treinamento	Tecnologia educacional	Treinamento
Treinamento de indução	Universidade corporativa	Educação corporativa

QUESTÕES PARA DISCUSSÃO

1. Explique as diferenças entre treinamento, desenvolvimento de pessoal e DO.
2. Conceitue educação e os seus diferentes tipos.
3. Explique o que é formação profissional, aperfeiçoamento profissional e treinamento.
4. Explique o conteúdo de treinamento em função das mudanças de comportamento que pode provocar.
5. Quais os principais objetivos do treinamento?
6. Por que o treinamento é uma responsabilidade de linha e uma função de *staff*?

7. Explique o processo de treinamento como um ciclo de etapas.
8. Conceitue diagnóstico de treinamento ao nível da análise organizacional.
9. Conceitue diagnóstico de treinamento ao nível de análise da GH.
10. Conceitue diagnóstico de treinamento ao nível da análise das tarefas e das operações.
11. Quais os principais meios de levantamento de necessidades de treinamento?
12. Explique os indicadores *a priori* e *a posteriori*.
13. Explique o que é e como é sistematizada a programação de treinamento.
14. Quais os principais itens de um planejamento do treinamento?
15. Explique a tecnologia educacional de treinamento.
16. Compare as técnicas quanto ao tempo e quanto ao local.
17. Conceitue aprendizagem e os fatores que afetam o processo de aprendizagem.
18. Quais os principais fatores de que depende a execução do treinamento?
19. Explique a avaliação dos resultados de treinamento ao nível organizacional, ao nível da GH e ao nível das tarefas e das operações.

REFERÊNCIAS

1. PEARSON, A. E. Muscle-build the organization. *Harvard Business Review*, Jul.-Aug., 1987.
2. BOUDREAU, J. W.; RAMSTAD, P. M. *Beyond RH*: the new science of human capital. Boston: Harvard Business School, Press, 2007. p. 9.
3. YODER, D. *Personnel management and industrial relations*. Englewood Cliffs: Prentice Hall, 1956. Cap. 9.
4. WHITEHILL Jr., A. M. *Personnel relations*. New York: McGraw-Hill, 1955. p. 121-151.
5. DESSLER, G. *Human Resource Management*. Upper Saddle River: Prentice Hall, 1997. p. 248.
6. GÓMEZ-MEJÍA, L. R.; BALKIN, D. B.; CARDY, R. L. *Managing human resources*. Upper Saddle River: Prentice Hall, 2001. p. 260.
7. MEGGINSON, L. C.; MOSLEY, D. C. *Administração*: conceitos e aplicações. São Paulo: Harbra, 1998. p. 299.
8. BATEMAN, T. S.; SNELL, S. A. *Administração*. Porto Alegre: MGH, 2012. p. 173.
9. MILKOVICH, G. T.; BOUDREAU, J. W. *Administração de Recursos Humanos*. São Paulo: Atlas, 2000. p. 419.
10. SIKULA, A. F. *Personnel administration and human resources management*. New York: John Wiley & Sons, 1976.
11. GÓMEZ-MEJÍA, L. R.; BALKIN, D. B.; CARDY, R. L. *Managing human resources*. Upper Saddle River: Prentice Hall, 2001. p. 260.
12. TOFFLER, A. *O choque do futuro*. Rio de Janeiro: Artenova, 1972.
13. CHIAVENATO, I. *Gestão de pessoas*: o novo papel da Gestão do Talento Humano. 5. ed. São Paulo: Atlas, 2020.
14. STEINMETZ, L. L. Age: unrecognized enigma of executive development. *Management of Personnel Quarterly*, v. 8. n. 3, p. 3-10, 1969.
15. SIKULA, A. E. *Personnel administration and human resources management*. New York: John Wiley, 1976. p. 227.
16. CAMPBELL, J. P. Personnel training and development. *Annual Review of Psychology*, v. 22, n. 1, p. 565-602, 1971.
17. FLIPPO, E. B. *Princípios de Administração de Pessoal*. São Paulo: Atlas, 1970. p. 236.

18. McGEHEE, W.; THAYER, P. W. *Training in business and industry*. New York: Wiley Interscience, 1961.
19. HOYLER, S. *Manual de relações industriais*. São Paulo: Pioneira, 1970.
20. TIFFIN, J.; McCORMICK, E. J. *Psicologia industrial*. São Paulo: EPU/Edusp, 1975. p. 366-367.
21. DAVIES, I. K. *A organização do treinamento*. São Paulo: McGraw-Hill, 1976. p. 1.
22. CHIAVENATO, I. *Gestão de pessoas*: o novo papel da Gestão do Talento Humano, *op. cit.*, p. 337.
23. YODER, D. *Administração de pessoal e relações industriais*. São Paulo: Mestre Jou, 1969. p. 460-461.
24. PROCTOR, J.; THORNTON, W. *Training*: handbook for line managers. New York: American Management Association, 1961.
25. PROCTOR, J.; THORNTON, W. *Training*: handbook for line managers, *op. cit.*
26. MAGER, R. E. *O que todo chefe deve saber sobre treinamento*. São Paulo: Market Books, 2001. p. 6.
27. HINRICHS, J. R. Personnel training. *In*: DUNNETTE, M. D. (org.). *Handbook of industrial and organizational psychology*. Chicago: Rand McNally College, 1976. p. 834.
28. CHIAVENATO, I. *Recursos Humanos*: o capital humano das organizações. 11. ed. São Paulo: Atlas, 2020.
29. Adaptado de HINRICHS, J. R. *Personnel training*, *op. cit.*, p. 834-848.
30. McGEHEE, W.; THAYER, P. W. *Training in business and industry*. New York: Wiley Interscience, 1961.
31. BASS, B. M.; VAUGHN, J. A. *Training in industry*: the management of learning. California: Wadsworth, 1966.
32. BERRIEN, F. K. *General and social systems*. New Brunswick: Rutgers University Press, 1968. p. 17.
33. AUSTIN, W. J. *Corporate coach and principal*: potencial at work. New York: Rochester, 1998.
34. HINRICHS, J. R. Personnel training. *In*: DUNNETTE, M. M. (org.). *Handbook of industrial and organizational psychology*. Chicago: Rand McNally College, 1976. p. 846.
35. BERRIEN, E. K. *General and social systems*, *op. cit.*
36. HINRICHS, J. R. *Personnel training*, *op. cit.*, p. 804-806.
37. HINRICHS, J. R. *Personnel training*, *op. cit.*, p. 541.
38. HINRICHS, J. R. *Personnel training*, *op. cit.*, p. 840.
39. Adaptado de: CARELLI, A. *Seleção, treinamento e integração do empregado na empresa*. MTPS, DNSHT, INPS, Fundacentro, PNVT, META IV, 1973. p. 20-21.
40. CHIAVENATO, I. *Recursos Humanos*: o capital humano das organizações, *op. cit.*
41. CHIAVENATO, I. *Recursos Humanos*: o capital humano das organizações, *op. cit.*
42. HINRICHS, J. R. *Personnel training*, *op. cit.*, p. 848.
43. SIKULA, A. F. *Personnel administration and human resources management*. New York: John Wiley & Sons, 1976. p. 251.
44. DALE, E. apud PARRA, N. *Técnicas audiovisuais de educação*. São Paulo: Edibell, 1969. p. 15.
45. LOFTIN III, M. M.; ROTER, B. Training clerical employees. *In*: FAMULARO, J. J. (org.). *Handbook of modern personnel administration*. New York: McGraw-Hill, 1972. p. 19-24.
46. BASS, B. M.; VAUGHAN, J. A. *Training in industry*: the management of learning. California: Wadsworth, 1966. p. 101.
47. BASS, B. M.; VAUGHAN, J. A. *Training in industry*: the management of learning, *op. cit.*, p. 132.
48. CHIAVENATO, I. *Gestão de pessoas*: o novo papel da Gestão do Talento Humano, *op. cit.*, p. 349-350.
49. DALE, E. apud PARRA, N. *Técnicas audiovisuais de educação*, *op. cit.*
50. CAMPBELL, J. P.; DUNNETTE, M. D.; LAWLER, E. E.; WEICK JR., K. E. *Managerial behavior, performance and effectiveness*. New York: McGraw-Hill, 1970.

51. CAMPBELL, J. P. *Personnel training and development*, op. cit., p. 595-598.
52. McGEHEE, W.; THAYER, P. W. *Training in the business and industry*, op. cit., p. 195-196.
53. Adaptado de: *ISO 10015*, 1999, Figura 1, p. V, Centre for Socio-Economic Development, 2003.
54. PROCTOR, J. THORNTON, W. *Training*: handbook for line managers, op. cit.
55. MILES, R. E. *Theories of Management*: implication for organizational behavior and development. Tóquio: McGraw-Hill Kogakusha, 1975. p. 180-181.
56. BROWN, A.; GREEN, T. D. *The essentials of instructional design*: connecting fundamental principles with process and practice. Upper Saddle River: Pearson/Merrill/Prentice Hall, 2006.
57. KIRKPATRICK, D. L. *Evaluating training programs*: the four levels. San Francisco: Berrett-Koehler, 1994. *Vide* também: KIRKPATRICK, D. L. *Evaluating training programs*, op. cit., in Axialent. *Vide*: www.axialent.com.
58. Fonte: www.chatfieldgroup.com.
59. *Vide*: Comparing web-based, instructor-led and blended-delivery approaches. *Training Industry Quarterly*, Spring 2008. *Vide*: www.trainingindustry.com.
60. KANTER, R. M. *Quando os gigantes aprendem a dançar*. Rio de Janeiro: Campus, 1992.
61. CHIAVENATO, I. *Introdução à Teoria Geral da Administração*: uma visão abrangente da moderna administração das organizações. 10. ed. São Paulo: Atlas, 2020. p. 354-355.
62. PHILIPS, J. J. *HRD Trends Worldwide*: shared solutions to compete in a global economy. Houston: Gulf, 1999.
63. MEISTER, J. C. *Educação corporativa*, op. cit.
64. DAVENPORT, T. H.; PRUSAK, L. *Conhecimento empresarial*: como as organizações gerenciam o seu capital intelectual. Rio de Janeiro: Campus, 1999.
65. TERRA, J. C. C. *Gestão do conhecimento*: o grande desafio empresarial. Rio de Janeiro: Elsevier-Negócio Editora, 2005. p. 2.
66. POLANYI, M. The tacit dimension. *In*: PRUZAK, L. (ed.). *Knowledge in organizations*. Newton: Butterworth-Heinemann, 1997.
67. BROWN; DUGUID, 1968.
68. NONAKA, I. The Knowledge Creating Company. *Harvard Business Review*, p. 2-9, Boston, Nov./Dec. 1991.
69. NONAKA, I.; TAKEUCHI, H. The knowledge creating company: how japanese companies create the dynamics of innovation, *Harvard Business Press*, Boston, 1995.
70. BOTHA, A.; KOURIE, D.; SNYMAN, R. Coping with Continuous Change in the Business Environment, Knowledge Management and Knowledge Management Technology. Chandice Publishing Ltd., 2008.
71. NONAKA, I.; TAKEUCHI, H. *The knowledge creating company*: how japanese companies create the dynamics of innovation, op. cit.
72. SCHONS, C. H.; COSTA, M. D. Portais corporativos no apoio à criação de conhecimento organizacional: uma abordagem teórica. *Data Grama Zero, Revista de Ciência da Informação*, v. 9, n. 3, 2008. *Vide*: http://www.dgz.org.br/jun08/Art_02.htm.
73. TERRA, J. C. C. *Gestão do conhecimento*: o grande desafio empresarial, op. cit., p. 71.
74. Adaptado de: *ISO 10015*, 1999. Centre for Socio-Economic Development, 2003. Figura 1, p. V.
75. ROSENBERG, M. J. *E-Learning*: building successful online learning in your organization. New York: McGraw-Hill, 2001. p. 132.

4 EDUCAÇÃO CORPORATIVA E ORGANIZAÇÕES DE APRENDIZAGEM

OBJETIVOS DE APRENDIZAGEM

- Compreender os novos paradigmas da aprendizagem organizacional.
- Definir o conceito da GC.
- Diferenciar informação de conhecimento.
- Compreender o ciclo da GC.
- Definir o novo papel da Gestão Humana (GH) no desenvolvimento humano e seus principais objetivos.
- Compreender a função das universidades corporativas.
- Definir o conceito de competências individuais e organizacionais.
- Definir o conceito de capital intelectual.
- Compreender o *modus operandi* de uma organização que aprende.

O QUE VEREMOS ADIANTE

- Os desafios da educação corporativa.
- Gestão do Conhecimento (GC).
- Gestão de Competências.
- Capital intelectual.
- Objetivos do Subsistema de Desenvolvimento de Pessoas.

CASO INTRODUTÓRIO
Supermercados Preços Hiper Baixos (PHB)

Ao assumir a presidência da rede de supermercados PHB, João Pedro recebeu do Conselho de Administração a incumbência de colocá-lo entre os melhores do país, não somente na qualidade de seus produtos e lojas físicas e virtuais, mas principalmente no desenvolvimento humano. Era perceptível a existência de feudos de conhecimento na empresa, além da existência de um tradicionalismo nas ações de treinamento e desenvolvimento (T&D) humano, tanto nas áreas administrativas quanto nos colaboradores da linha de frente das lojas. João Pedro chamou em sua sala Giovanna, diretora de Gestão Humana (GH), solicitando que fosse à área central para provocar as mudanças necessárias no desenvolvimento humano. Se você fosse o(a) diretor(a) dessa empresa, o que faria?

INTRODUÇÃO

O T&D foi, durante muito tempo, um excelente meio de zerar carências de habilidades e de conhecimentos nas empresas. Era a maneira viável de preparar e capacitar as pessoas para o desempenho em seus cargos em um mundo onde havia mudanças e transformações, mas ainda imperava o conservantismo e a manutenção do *status quo*. No decorrer de toda a Era Industrial, mostrou-se um modelo de preparação e desenvolvimento das pessoas adequado para as necessidades da época. Contudo, seu pragmatismo e imediatismo nas soluções e o seu foco extremamente concentrado o tornaram insuficiente para a realidade atual. Hoje, fazer apenas T&D é necessário, mas não suficiente para atender às atuais necessidades das organizações. Em um mundo em gradativa mudança, o T&D passou a significar uma solução simplesmente tópica e local e, quase sempre, fundamentada na manutenção do *status quo*. Isso significa olhar para o momento atual ou para trás, quando a realidade aponta o olhar para a frente e para o futuro.

SAIBA MAIS — **Ambiente virtual de aprendizagem (AVA)**

O ambiente virtual de aprendizagem (AVA) nasceu da necessidade imperiosa de uma central de interação, comunicação e aprendizagem social fornecendo uma sala de aula virtual e uma plataforma de aprendizagem interconectada e disponível para todos os talentos em qualquer tempo ou lugar. Uma verdadeira universidade corporativa (UC) virtual e em tempo integral dotada de conteúdos próprios e de terceiros (universidades, editoras, fornecedores de conteúdos etc.). O conhecimento vindo de uma enorme variedade de fontes internas e externas.

4.1 DESAFIOS DA EDUCAÇÃO CORPORATIVA

Muitas organizações estão caminhando gradativamente do T&D para a educação corporativa em uma migração paulatina, rápida e definitiva. A diferença está no fato de que o T&D, por sua própria natureza e configuração, é quase sempre local, tópico, *just-in-time*, reativo, micro-orientado, agregador. Já a educação corporativa apresenta a vantagem de ser holística, sistêmica, proativa e sinérgica. Muitas vezes, ela é feita pelo conceito de UC. Essa representa mais um processo, uma mentalidade, um estado de espírito generalizado do que propriamente um local físico ou uma entidade concreta.

Colateralmente, as pessoas precisarão desenvolver certas competências pessoais para atuarem nos novos ambientes de negócios:[1]

- **Aprender a aprender**: as pessoas precisam contribuir construtivamente em tudo, desde como assegurar qualidade dos produtos até como melhorar os processos organizacionais. Para tanto, elas precisam ter condições de utilizar um conjunto de técnicas, como analisar situações, questionar, procurar conhecer o que não compreendem e pensar criativamente para gerar opções. O objetivo é fazer com que a atitude de aprender a aprender faça parte natural do modo como as pessoas pensam e comportam-se no trabalho. O conhecimento das pessoas constitui um ativo intangível. Elas não são mais consideradas um elemento de custo no balanço patrimonial, mas parte integrante do seu capital intelectual.

- **Comunicação e colaboração**: antigamente, o bom desempenho significava a execução de um conjunto de tarefas que eram repetitivas e a qualificação profissional era associada com cada tarefa específica. Agora, as equipes constituem o fundamento das organizações flexíveis e a eficiência das pessoas está cada vez mais vinculada à sua habilidade interpessoal de comunicação e colaboração.

- **Raciocínio criativo e solução de problemas**: no passado, a administração paternalista assumia a responsabilidade de desenvolver os meios de aumentar a produtividade do trabalhador. Ela centralizava o pensar e o planejar. Hoje, espera-se que as pessoas no nível operacional descubram por si próprias como melhorar e agilizar seu trabalho. Para isso, elas precisam pensar criativamente, desenvolver habilidades de resolução de problemas e analisar situações, indagar, esclarecer o que não sabem e sugerir melhorias.

- **Conhecimento tecnológico**: antigamente, conhecer tecnologia significava saber como operar o computador pessoal para processar textos ou análises financeiras. Agora, a ênfase está em usar o equipamento de informação que o conecte com os membros de suas equipes ao redor do mundo. As pessoas deverão usar computadores não apenas em suas tarefas relacionadas com o trabalho, mas, sobretudo, para contatos com profissionais em todo o mundo, compartilhando as melhorias e recomendando melhorias em seus processos de trabalho. O computador será a principal plataforma de trabalho das organizações.

- **Conhecimento global dos negócios**: cada vez mais, as pessoas deverão aprender novas habilidades técnicas e comerciais que levem em conta o ambiente competitivo global, que não permite prever com nenhuma certeza o que virá no futuro para a organização ou para o mercado. Nesse ambiente global e volátil, a capacidade de ver o todo sistêmico (*gestalt*) em que a organização opera se torna indispensável para cumprir a exigência de se agregar continuamente mais valor à organização.

- **Liderança**: o novo imperativo é o desenvolvimento da liderança nas organizações. A identificação e o desenvolvimento de pessoas excepcionais capazes de levar a organização para o novo século serão fundamentais. A criação de líderes será vital, e o segredo do sucesso estará cada vez mais nas pessoas.

- **Autogerenciamento da carreira**: as organizações estão transferindo para as pessoas o autodesenvolvimento e o autogerenciamento para que elas possam assumir o controle de suas

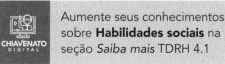

Aumente seus conhecimentos sobre **Habilidades sociais** na seção *Saiba mais* TDRH 4.1

carreiras e gerenciar seu próprio desenvolvimento pessoal. Como as qualificações necessárias continuam a mudar e a evoluir, as pessoas de todos os níveis da organização assumem o compromisso de assegurar que possuem as qualificações, o conhecimento e as competências exigidas tanto na atividade atual quanto nas atividades futuras. Assim, a capacidade de gerenciar a própria vida profissional passa a ser considerada uma competência adquirida e necessária para deslanchar todas as outras competências exigidas no novo ambiente de negócios.

4.1.1 Educação corporativa como um processo contínuo e global na organização

O conceito que predomina atualmente é o de que a educação corporativa deve ser um processo contínuo e ininterrupto e não um simples evento ocasional que ocorre esporadicamente ou apenas uma vez a cada ano ou semestre. Para que isso possa acontecer, algumas empresas estão partindo para a adoção do conceito de UC. Uma nova forma de irradiar e compartilhar conhecimento de maneira intensiva e ininterrupta. Algumas universidades corporativas são virtuais. Boa parte delas estende-se além das fronteiras da empresa, envolvendo também fornecedores e clientes nas duas pontas e utilizando metodologias de ensino a distância e Tecnologia da Informação (TI). O conceito de educação corporativa constitui um processo e não necessariamente um local, em que todos os funcionários e, algumas vezes, clientes e fornecedores, participam de uma variedade de experiências de aprendizagem necessárias para melhorar seu desempenho no trabalho e incrementar seu impacto nos negócios. Em muitos casos, a função tradicional de educação corporativa converte-se em uma UC. Em outros casos, a empresa cria uma UC com o intuito de enfrentar desafios e promover mudanças.[2]

A Association Society for Training and Development (ASTD) salienta que as principais tendências da educação corporativa são as seguintes:

- **Aprendizagem como estratégia empresarial**: as organizações que aprendem bem e rápido e que posicionam a GH em um nível realmente estratégico conseguem desempenhos de negócio muito melhores do que as organizações que não o fazem.
- **E-learning**: a TI está derrubando barreiras e limites impostos pela sala de aula, pelo local, horários e custos presenciais.
- **Treinamento como consultoria de desempenho**: em vez de focar as atividades – aquilo que as pessoas fazem –, o treinamento está focando os problemas de desempenho das pessoas, das equipes e da empresa – os resultados que elas alcançam. O treinamento constitui um dos poderosos meios de aumentar as competências e os resultados do negócio.
- **A liderança está valorizando o estilo *coaching***: a transição dos estilos mais técnicos e fechados para uma atuação mais humana e participativa está exigindo dos líderes um forte investimento em seu autoconhecimento e a disponibilização do *coaching* para suas equipes em aspectos como diálogo face a face, exercício de dar e receber retroação, discussão de ações que prejudicam a carreira, relacionamentos e melhor desempenho.
- **O papel do especialista em T&D está se modificando**: em vez de apenas oferecer cursos e *workshops*, ele está agora no centro do processo de aprendizagem e inovação da empresa para ajudar a organização e as pessoas a crescer e alcançar o sucesso em alinhamento com a estratégia organizacional.

A má notícia é que não conseguimos ainda transformar todas essas tendências em práticas efetivas do dia a dia em muitas de nossas empresas.

> **TENDÊNCIAS EM GH**
>
> **Fluxo rápido de dados**
>
> Estamos nos tempos da virtualização, da agilidade, da rapidez, da prontidão e de uma intensa interação entre os meios e os processos por intermédio das novas tecnologias. Os dados alimentam a inteligência artificial (IA), e a IA dá sentido aos dados. O intenso e rápido fluxo de dados muda as organizações, uma vez que os dados e as análises preditivas permitem moldar o futuro dos negócios em direção às tendências que surgem intempestivamente.

4.1.2 Novo papel da GH quanto ao desenvolvimento de pessoas

Os profissionais de GH estão compreendendo o papel crescentemente importante que os ativos intangíveis têm tido nas avaliações das empresas. Quanto mais esses profissionais perceberem seus próprios papéis em uma perspectiva mais ampla e quanto mais estiverem habilitados a participar diretamente do valor de mercado de suas empresas, mais eles poderão aumentar o impacto.

> **SAIBA MAIS**   **A nova lógica**
>
> O processo educacional em nosso país funcionou de acordo com a lógica da Era Industrial por muito tempo. Tratava-se de um sistema fechado no sentido de empurrar seus programas sempre para a frente. Os retardatários que não conseguiam vencer as etapas sequenciais – provas semestrais ou anuais como controle de qualidade – passavam por um retrabalho denominado dependência – até conseguirem ultrapassá-la para poder seguir adiante. As várias disciplinas – tratadas separadamente como ilhas ou silos totalmente isolados – eram abordadas como portas ao longo de um imenso corredor. Após conseguirem atravessar todo o corredor, no final dele, havia a prova final e o diploma como um comprovante físico de qualificação. O recém-formado era lançado ao mercado como um produto acabado e ponto final. Não se tratava de um cliente ou consumidor, mas algo a ser tratado como um produto em produção, de uma maneira sempre igual, não se importando com o ambiente lá fora nem se o produto final satisfaria realmente as necessidades do mercado. E a nave vai, não importa para onde. Em muitas empresas, o esquema de treinamento também seguiu essa orientação. O mundo mudou rapidamente e a lógica industrial está sendo rapidamente substituída pela lógica digital, tanto no processo educacional quanto dentro das empresas, como uma adequação aos novos tempos.

Quadro 4.1 As diferenças entre a lógica industrial e a lógica digital

Lógica industrial	Lógica digital
■ Linear	■ Não linear
■ Segmentada	■ Multidisciplinar
■ Repetitiva	■ Interconectada
■ Previsível	■ Imprevisível
■ Sequencial	■ Exponencial

O importante é que os profissionais de GH saibam arquitetar, facilitar, apoiar e incrementar o valor intangível. Para tanto, é necessário:

- Aprender a aplicar o novo conceito do papel da GH para construir as competências que irão incrementar o valor de mercado da empresa.
- Saber como alinhar a organização de GH com a estratégia do negócio, ou seja, compreender como os ativos intangíveis podem impactar a lucratividade ou o valor da empresa.
- Saber como assegurar desempenho em relação aos intangíveis básicos necessários para tocar avante a estratégia, como rapidez, colaboração e aprendizado.
- Saber como identificar, construir e melhorar tais competências.
- Saber como mensurar o impacto dos investimentos em GH com base no retorno sobre os ativos intangíveis.

As UCs permitem proporcionar todas as condições de incrementar o capital intangível da empresa.

4.2 GESTÃO DO CONHECIMENTO CORPORATIVO

A competência depende diretamente do conhecimento. O conhecimento é uma mistura da experiência condensada, dos valores, das informações contextuais e do *insight* (discernimento) de uma pessoa que proporciona uma estrutura para a avaliação e a incorporação de novas experiências e informações. O conhecimento está na mente das pessoas. As pessoas transformam a informação em conhecimento, fazendo comparações, analisando as consequências, buscando conexões e conversando com outras sobre as informações recebidas. Nas organizações, o conhecimento está embutido em documentos, rotinas, processos, práticas e normas organizacionais. O conhecimento conduz à ação no desenvolvimento de novos produtos ou serviços, na tomada de decisões acertadas em relação aos clientes, na formulação de estratégias para enfrentar os concorrentes, na logística a ser adotada etc. Quando o conhecimento para de evoluir, transforma-se em uma opinião ou, o que é pior, em um dogma. Pela sua importância, o conhecimento está sendo considerado um ativo corporativo, e as empresas bem-sucedidas perceberam que é necessário geri-lo e cercá-lo do mesmo cuidado que dedicam à obtenção de valor baseado em outros ativos que são tangíveis. Quanto mais as empresas dominam o conhecimento, maior a sua vantagem competitiva. E por que o conhecimento é vital? Porque todos os aspectos intangíveis que agregam valor à maioria dos produtos e serviços são baseados em conhecimento: *know-how* técnico, projeto do produto, estratégias de marketing, entendimento do cliente, criatividade pessoal e inovação. A inteligência humana está por trás disso tudo.

Capítulo 4 – Educação Corporativa e Organizações de Aprendizagem

A Gestão do Conhecimento (GC) deve iniciar-se com a gestão da informação. Por essa razão, muito do que atualmente se faz em GC é feito por especialistas em TI e em informática. Contudo, a TI funciona como plataforma e não necessariamente como conteúdo. Para se transformar em conhecimento, a informação precisa ser capturada, organizada, criar sentido e significado. A partir daí, pode-se falar em conhecimento.

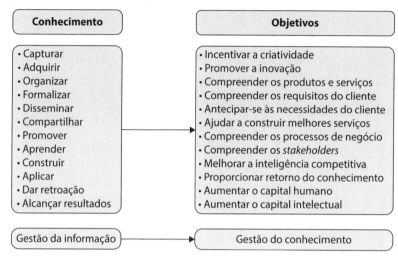

Figura 4.1 A transformação do conhecimento em riqueza organizacional.

Terra propõe uma ampla definição de GC: "gestão do conhecimento significa organizar as principais políticas, processos e ferramentais gerenciais e tecnológicas à luz de uma melhor compreensão dos processos de geração, identificação, validação, disseminação, compartilhamento, proteção e uso dos conhecimentos estratégicos para gerar resultados (econômicos) para a empresa. E benefícios para todos os colaboradores internos e externos (*stakeholders*)".[3] Nessa definição, ele não exclui o uso de *softwares*, principalmente porque eles são essenciais para a manipulação de informações (*input* importantíssimo para a geração de conhecimento), além de facilitar a comunicação entre pessoas que podem intercambiar informações, experiências e conhecimentos entre si.

A GC refere-se à criação, à identificação, à integração, à recuperação, ao compartilhamento e à utilização do conhecimento dentro da empresa. Está voltada para a criação e a organização de fluxos de informação dentro e entre os vários níveis organizacionais, para gerar, incrementar, desenvolver e partilhar o conhecimento dentro da organização, sobretudo para incentivar trocas espontâneas de conhecimento entre as pessoas. Ao contrário do que acontecia antigamente – quando as empresas guardavam e escondiam o conhecimento a sete chaves por meio da confidencialidade –, a GC (*knowledge management*) procura orientar a empresa inteira para produzir o conhecimento, aproveitá-lo, disseminá-lo, aplicá-lo e lucrar com ele. Cada pessoa precisa agregar valor aos processos e produtos da empresa. E esse valor é alcançado mediante o compartilhamento do conhecimento e representa a essência da inovação. O segredo não mais está em deter o conhecimento nas mãos de poucos, mas divulgá-lo em toda a organização no sentido de distribuir e não de retê-lo.

 Aumente seus conhecimentos sobre **Conhecimento e tecnologia** na seção *Saiba mais* TDRH 4.2

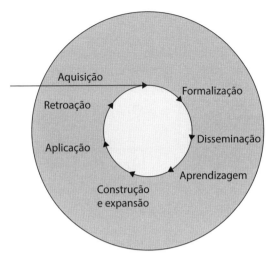

Figura 4.2 A roda da GC.

Trost[4] mostra como mapear os ativos de conhecimento para a criação de valor. Uma organização que compreende o papel que desempenha na sociedade pode definir melhor o valor do conhecimento e sabe como aplicá-lo rentavelmente. Trost sugere um mapa de controle de valor, conforme a Figura 4.3.

Figura 4.3 Mapa de controle de valor.[5]

Trost ainda explica que as empresas que competem no desempenho como criadoras e modeladoras de valor sabem utilizar o conhecimento para se concentrar em cinco áreas de competências:[6]

- **Intensidade**: habilidade de enxergar claramente o ambiente competitivo e, então, antecipar-se e responder às necessidades e expectativas do consumidor.
- **Inovação**: habilidade de gerar novas ideias e combinar elementos existentes para criar fontes de valor.

- **Rapidez**: habilidade de responder prontamente às demandas do consumidor ou do mercado e incorporar rapidamente novas ideias e tecnologias em produtos.
- **Agilidade**: habilidade de se adaptar simultaneamente a vários e diferentes ambientes de negócios.
- **Consistência**: habilidade de produzir um produto que infalivelmente venha a satisfazer as expectativas dos consumidores.

A GC em uma organização exige um foco eminentemente interdisciplinar, pois nenhuma das disciplinas do conhecimento humano é capaz de dar conta sozinha da complexidade e das múltiplas dimensões da criação coletiva e contínua do conhecimento na organização. Além disso, a aprendizagem coletiva esbarra na tradicional maneira de pensar de forma excessivamente especializada e fragmentada, tanto nas organizações quanto no próprio meio acadêmico.

Essa visão especializada e fragmentada fica evidenciada nos seguintes aspectos:

- **A GC como infraestrutura tecnológica**: ela é visualizada como uma infraestrutura tecnológica que permite a fluidez da comunicação entre indivíduos dispersos fisicamente, geralmente por meio de redes internas de computadores.
- **A GC como aspecto da cultura organizacional**: ela é visualizada como um problema de escolha de um modelo de gestão participativa ou da necessidade de mudança da cultura organizacional.
- **A GC como base de informações globais e atualizadas**: ela é visualizada como um problema de criar e manter uma base de informações globais e atualizadas, que compreendem o mercado, as transações da organização com seu meio ambiente e seu capital intelectual.
- **A GC como processo de T&D**: ela é visualizada sob um foco predominantemente voltado para o treinamento contínuo das pessoas da organização, utilizando técnicas avançadas de ensino a distância e suporte computacional ao desempenho.

Todas essas abordagens são necessárias, mas insuficientes, pois nenhuma delas, isoladamente, é suficiente para resolver todas as questões complexas da geração, do compartilhamento e da utilização prática do conhecimento em uma organização. Torna-se necessário o desenvolvimento de uma visão holística da realidade organizacional e, consequentemente, o exercício da transdisciplinaridade.

As interações sociais começam com o indivíduo e permitem intercambiar e expandir o conhecimento dentro da organização. Contudo, o conhecimento organizacional é muito mais dinâmico que o conhecimento individual em razão do impulso que recebe das mais variadas forças coletivas e situações envolvidas. A criação do conhecimento organizacional ocorre em um processo em que toda a organização facilita e amplifica o conhecimento criado pelas pessoas e o cristaliza como parte de uma rede de conhecimentos coletivos. Isso é primordial em uma era de incerteza e mudança em que todas as pessoas devem continuamente reaprender e reeducar-se, inclusive esquecendo algo que aprenderam no passado, mas sempre ampliando o seu nível de conhecimento para terem condições de se sustentarem nas suas atividades ao longo dos tempos. Essa é a razão por que se está falando muito em desaprender o antigo para aprender o novo, deixar as tralhas do velho para se ocupar dos encantos daquilo que vem vindo pela inovação continuada. Do lado da organização, trata-se de continuamente localizar e descobrir as lacunas entre o que a organização sabe e aquilo que ela deveria saber para continuar sempre a ser competitiva. Isso significa abrir as cortinas do futuro para garantir a competitividade e a sustentabilidade do negócio.

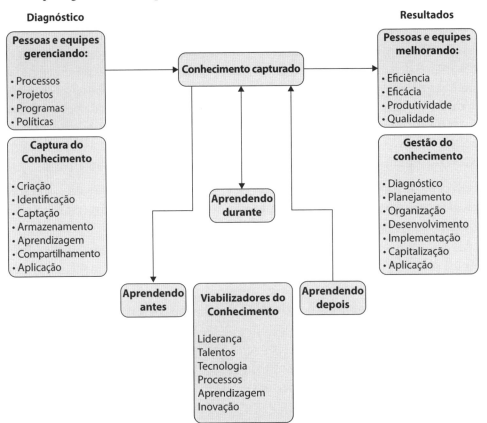

Figura 4.4 O ciclo da Gestão do Conhecimento Corporativo.

Assim, a GC requer, necessariamente:

- **Interdisciplinaridade**: uma visão integradora no sentido de conjugar em conjunto e em uma linguagem comum as diferentes dimensões ou disciplinas que compõem a realidade organizacional.
- **Visão integrada e holística**: uma mudança profunda no modo de pensar na organização, principalmente no que diz respeito às suas competências e capacidades que lhe permitam não somente que ela atenda aos mutáveis desafios atuais, mas, sobretudo, que se antecipe a esses desafios de maneira criativa e proativa.

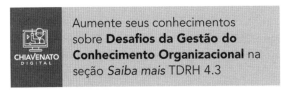

Nessa visão transdisciplinar, a Gestão do Conhecimento Organizacional deve integrar um elenco de disciplinas, englobando temas sobre modelos de gestão, cultura organizacional, processos organizacionais, tecnologia e sistemas de informação, educação com foco no aprendizado coletivo, princípios de representação e comunicação do conhecimento, epistemologia, psicologia, sociologia, ética, linguagem, comunicação, capital intelectual etc. A Gestão do Conhecimento Organizacional requer uma verdadeira equipe de projeto composta de especialistas que pesquisam cada uma dessas áreas.

Em suma, o conhecimento organizacional deve estar disponibilizado para as pessoas certas. Deve-se garantir que a organização possa aprender e aplicar seus ativos de conhecimento por meio das lições aprendidas e, principalmente, atender seus requisitos táticos e estratégicos.[7] O conhecimento consiste basicamente em: obter, usar, aprender e contribuir, ou seja, repositórios, relacionamentos, utilização e contribuição. Todavia, cada autor tem a sua visão a respeito.

SAIBA MAIS **Modelo de GC de Essekia Paul**

Essekia Paul[8] oferece um modelo de GC que pode sobrecarregar uma organização, composto de um ciclo de quatro etapas:

1. **Captura de informações**: inicialmente, as informações capturadas precisam ser processadas para destilar apenas o conhecimento crítico dos negócios – conhecimento estratégico –, que deve ser verificado e validado pelas partes interessadas.
2. **Armazenamento das informações**: em formatos utilizáveis para poderem se transformar em conhecimento.
3. **Costumização**: é a conversão das informações em conhecimento disponível.
4. **Utilização**: o conhecimento é distribuído ao grupo-alvo relevante e permite que o usuário resolva problemas.

Na verdade, a Gestão do Conhecimento Organizacional constitui um tema complexo sobre o qual existe uma enorme variedade de contribuições, como mostra o Quadro 4.2.

Quadro 4.2 As abordagens sobre o ciclo da Gestão do Conhecimento Organizacional[9]

Davenport e Pruzak	Bukowitz e Williams	WIIG	Wang e Ahmed
■ Gerar ■ Codificar ■ Transferir	■ Adquirir ■ Usar ■ Aprender ■ Contribuir ■ Acessar ■ Construir ■ Suportar ■ Avaliar ■ Descartar	■ Criação ■ Retenção ■ Distribuição ■ Transformação ■ Aplicação	■ Identificar ■ Adquirir ■ Codificar ■ Armazenar ■ Disseminar ■ Refinar ■ Aplicar ■ Criar

> **VOLTANDO AO CASO INTRODUTÓRIO**
> **Supermercados Preços Hiper Baixos (PHB)**
> Giovanna já sabia que a área de T&D atuava com lógica industrial. Todavia, sempre que propunha mudanças para o presidente anterior, recebia como resposta que "não era a prioridade no momento". Com João Pedro, as coisas passaram a ser diferentes, o que a motivou a propor mudanças na forma de agir e pensar da área e, claro, da empresa como um todo. Ela começou a desenvolver um plano estratégico para que a PHB passe a atuar com a lógica da Gestão do Conhecimento Corporativo. Como você poderia ajudar Giovanna a montar esse plano?

4.2.1 Universidade corporativa (UC)

Em vez de unidades específicas de treinamento – como departamentos ou centros de treinamento –, as organizações estão pensando agora em uma dimensão maior. Trata-se do conceito de UCs. Existe uma variedade de formatos de UCs: instituições abertas a alianças estratégicas com *players* externos e formando o seu próprio corpo de professores e currículo; algumas são fechadas e fornecem serviços e conteúdos, enquanto outras se abrem a públicos externos. Elas definem suas abordagens pedagógicas, combinam metodologias de ensino e aprendizado (presenciais e tecnológicas). Com tantos critérios, o fato é que cada UC deve ser formatada sob medida para a organização a fim de complementar ou reforçar – e não substituir – a formação oferecida pelas instituições educacionais.[10] O consenso é de que a UC é mais eficaz quando se associa a uma instituição educacional. O Boston Consulting Group (BCG) afirma que criar associações com diferentes universidades e escolas de negócio nacionais e internacionais constitui a base de seu sucesso.

Aumente seus conhecimentos sobre **Academia × mercado** na seção *Saiba mais* TDRH 4.4

A criação de uma UC exige um conjunto de decisões da alta cúpula:[11]
De que maneira o aprendizado apoiará a estratégia e a visão de futuro da empresa?

- Criação de um nome, um logo e uma marca para a UC.
- Criação de um planejamento estratégico para desenvolver uma visão, uma missão e uma declaração de valores da UC.
- Atuar com a equipe de marketing da empresa para a criação de um plano de marketing para a UC.
- Desenhar uma estrutura jurídica e operacional para a UC.
- Definir o público.
- Criar um plano de estudos, selecionar tecnologias e metodologias de ensino.
- Criar um plano de lançamento e garantir que a notícia chegue a todos os cantos da organização.
- Implantar processos adequados de medição e avaliação de resultados.

4.2.2 Novo papel da GH quanto ao desenvolvimento de pessoas

Meister[12] assinala que as empresas estão se transformando em organizações educadoras e desenvolvendo educação corporativa em virtude:

- Da emergência da organização não hierárquica, enxuta e flexível.
- Do advento e da consolidação da economia do conhecimento.
- Da redução do prazo de validade do conhecimento.
- Do novo foco na capacidade de empregabilidade/ocupacionalidade para a vida toda em lugar do emprego para a vida toda.
- Da mudança fundamental no mercado da educação global.

4.3 GESTÃO DE COMPETÊNCIAS

Entre todas as mudanças que estão ocorrendo na moderna Gestão de Pessoas (GP), provavelmente a mais abrangente é a forte tendência de deslocamento do foco nos cargos para o foco nas competências das pessoas. Isso significa que todo o processo de recrutar, selecionar, aplicar, avaliar, treinar, desenvolver, remunerar e incentivar as pessoas deixa de levar em consideração os requisitos dos cargos ocupados para priorizar as habilidades e as competências que as pessoas possuem e oferecem, e que são relevantes para a organização. As organizações bem-sucedidas perceberam que somente podem desenvolver suas competências organizacionais na base das competências individuais de seus participantes. Em outras palavras, para desenvolver e utilizar eficazmente suas competências estratégicas, as organizações precisam contar com pessoas que disponham de competências individuais adequadas para o sucesso organizacional.

A Gestão de Competências requer uma estrutura organizacional totalmente diferente da estrutura convencional e tradicional. E por essa razão, requer também um contexto organizacional e cultural diferente. Em vez de cargos e departamentos isolados, estáveis e definitivos, essa modalidade de gestão de pessoas deve basear-se em pessoas e equipes multifuncionais integradas, maleáveis e flexíveis dotadas de competências e habilidades. A cultura organizacional deve ser eminentemente participativa, democrática, envolvente e focada na excelência e em metas a serem atingidas. O estilo de gestão migra do velho comando autocrático do gerente para a condução de pessoas por meio da liderança renovadora e impulsionadora e do *coaching* apoiador.

Competências básicas – na forma de conhecimentos, habilidades, atitudes, interesses, traços, valor ou outra característica pessoal – são aquelas características pessoais essenciais para o desempenho da atividade e que diferenciam o desempenho das pessoas. Todo colaborador precisa aprender a construir um conjunto de competências básicas para desenvolver suas atividades com sucesso.

4.3.1 Competências individuais

As competências individuais resultam da conjugação de quatro fatores:
1. **Conhecimento**: é o saber, que é incorporado por meio da aprendizagem. Assim, o segredo está em aprender a aprender e a aprender continuamente. Um processo sem fim, mas que

tem o objetivo de fazer crescer individual e continuamente. O conhecimento constitui a riqueza da Era da Informação, a moeda corrente que leva à sabedoria. Constitui a maneira pela qual a pessoa armazena, organiza, estrutura e utiliza informações a respeito de determinada área ou campo de atividade.

2. **Habilidade**: é o saber fazer. O conhecimento precisa necessariamente ser aplicado, transformado em resultado concreto e devidamente rentabilizado por meio da ação. Em outros termos, o conhecimento deve proporcionar à pessoa as habilidades para fazer, realizar, solucionar problemas e criar inovação. *Habilidade* significa a capacidade de fazer e fazer bem determinada atividade. Se as pessoas não sabem como fazer, elas simplesmente não podem fazer.

   As habilidades não são desenvolvidas apenas ouvindo-se alguém falar ou explicar como se deve fazer, mas desenvolvidas e fortalecidas com a prática por meio da efetiva realização das atividades. Mas só a habilidade não é suficiente para garantir o desempenho. É preciso que haja facilitação, oportunidade para atuar e incentivo e apoio no local de trabalho para que a pessoa possa fazer o que aprendeu e da maneira como aprendeu.

3. **Julgamento**: é o saber analisar, ponderar e julgar. De nada valem o conhecimento e a habilidade se a pessoa não sabe exatamente como utilizá-los. O julgamento define o que, como, quando e onde aplicar o conhecimento e a habilidade para alcançar resultados. O julgamento significa discernimento e sentido de oportunidade para escolher determinado curso de ação. Envolve raciocínio, intuição, perspicácia e visão antecipatória dos eventos.

4. **Atitude**: é o saber fazer acontecer. É o tipo de comportamento ativo, proativo e empreendedor que enfrenta desafios, obstáculos, dificuldades, resistências e faz as coisas acontecerem por meio de seu conhecimento, habilidade e julgamento. Atitude quase sempre significa garra, ânimo, vontade, perseverança e insistência no alcance de objetivos até que eles sejam alcançados.

Conhecimento, habilidade, julgamento e atitude constituem a base das competências individuais em qualquer situação. Essas competências são construídas por meio da aprendizagem a partir de quatro elementos, como mostra a Figura 4.5.

Figura 4.5 As competências individuais básicas da pessoa.[13]

A pessoa dotada de um elevado perfil de competências demonstra as qualidades requeridas para levar adiante missões cada vez mais complexas. Pode-se observar as competências básicas no cotidiano de trabalho ou em situações de testes. O importante é adquirir e agregar novas competências que sejam fundamentais para o sucesso do negócio da empresa, sob pena de investir em treinamento sem retorno para as necessidades reais da organização. Daí a Gestão por Competências: um programa sistematizado e desenvolvido para definir perfis profissionais que proporcionem maior produtividade e adequação ao negócio, identificando pontos de excelência e pontos de carência, suprindo lacunas, agregando conhecimento e tendo por base certos critérios mensuráveis objetivamente.

4.3.2 Competências organizacionais

A Gestão por Competências procura substituir o tradicional levantamento de necessidades de treinamento por uma visão das necessidades do negócio e de como as pessoas poderão aportar valor à empresa. E quais são essas competências? As competências podem ser desdobradas em:

- **Competências essenciais da organização**: são as competências essenciais (*core competences*) que a organização reúne e integra para realizar seus negócios. São as competências que definem e personalizam cada organização e constituem suas vantagens competitivas em um mundo de negócios altamente concorrente e dinâmico. As competências essenciais devem apresentar as seguintes características:
  - São vitais para o sucesso do negócio da organização.
  - Constituem um agregado de características próprias, únicas e exclusivas da organização, como cultura, conhecimentos, estilo de gestão etc.
  - São difíceis de copiar ou imitar graças às características individuais da organização.
- **Competências funcionais de cada unidade da organização**: são as competências que cada unidade ou departamento da organização deve reunir e integrar para desenvolver suas atividades com êxito. Assim, por exemplo, a área de marketing precisa reunir competências para lidar com o mercado, com os clientes, os concorrentes, desenvolver novos produtos e serviços etc.
- **Competências gerenciais**: são as competências que cada gerente ou executivo da organização precisa reunir a fim de assumir a responsabilidade de linha pela condução das pessoas por meio de conceitos como liderança, motivação, comunicação, desenvolvimento de equipes etc.
- **Competências individuais de cada pessoa**: são as competências que cada pessoa deve reunir e integrar para realizar seu trabalho com sucesso. Em geral, as competências individuais estão relacionadas com a aprendizagem, a solução de problemas, o relacionamento interpessoal, a facilidade em trabalhar em equipes etc.

A Figura 4.6 define algumas competências organizacionais essenciais, competências funcionais de cada área ou unidade organizacional e competências gerenciais e competências individuais em uma hierarquia de importância.

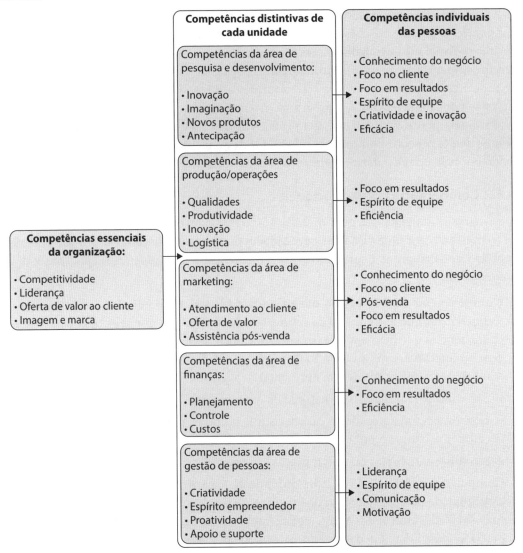

Figura 4.6 A distribuição das competências essenciais em uma organização.

TENDÊNCIAS EM GH

A nova função do T&D

O T&D precisa ampliar suas fronteiras e ações. Assim, a sua nova função deve ser a de fornecer, construir e incrementar competências. Porém, o T&D não pode garantir o desempenho no trabalho. O desempenho exige competências e oportunidades para atuar em um ambiente de apoio e suporte. Sem esse apoio e suporte, nada feito. O T&D pode ensinar o que as pessoas precisam saber e fazer, mas não pode proporcionar a oportunidade para o desempenho ou fornecer um ambiente de trabalho que apoie e suporte esse desempenho. Isso é responsabilidade de linha. Os gestores devem oferecer todas as condições para que os talentos possam aproveitar o que aprenderam em seus desempenhos. Por essa razão, Jack Welch, quando era CEO da *General Electric*, afirmava: "Nosso comportamento é impulsionado por crenças *core* fundamentais: o desejo e a habilidade de uma organização aprender continuamente de alguma fonte e em qualquer local – e rapidamente converter essa aprendizagem em ação – como a nossa definitiva vantagem competitiva". Essa era a mensagem para uma estratégia organizacional de uma grande empresa: o conhecimento como essência da sua vantagem competitiva.

O volume de todas essas competências da organização forma o chamado "capital humano", um ativo intangível e valioso que faz parte integrante do capital intelectual da organização.

VOLTANDO AO CASO INTRODUTÓRIO
Supermercados Preços Hiper Baixos (PHB)

Giovanna, motivada pela nova gestão de João Pedro, decidiu propor uma mudança mais radical na organização, com o objetivo de trazê-la para a gestão moderna de desenvolvimento humano e de talentos: investir em uma Gestão por Competências. Para tanto, precisava delinear as competências organizacionais e as competências individuais, a fim de identificar as lacunas entre elas e propor ações de desenvolvimento humano. No lugar de Giovanna, como você montaria um plano de Gestão por Competências?

4.4 CAPITAL INTELECTUAL

Já reforçamos várias vezes o fato de que, na Era da Informação, o recurso mais importante deixou de ser o capital financeiro para ser o capital intelectual, baseado no conhecimento. Trocando em miúdos, isso significa que o recurso mais importante na atualidade não é mais o dinheiro, e sim o conhecimento. O capital financeiro mantém sua importância relativa, mas ele depende do conhecimento sobre como aplicá-lo e rentabilizá-lo adequadamente. O conhecimento ficou na dianteira dos demais recursos organizacionais, pois esses passaram a depender dele.

Conhecimento é a informação estruturada e com significado que tem valor ou que agrega valor para a organização. O conhecimento conduz a novas formas de trabalho e de comunicação, a novas estruturas e tecnologias e a novas formas de interação humana. E onde está o conhecimento? Na cabeça das pessoas. São as pessoas que aprendem, desenvolvem e aplicam o conhecimento na utilização adequada dos demais recursos organizacionais. Esses sim são estáticos, inertes e dependentes da inteligência humana, que utiliza o conhecimento. O conhecimento é criado, desenvolvido e modificado pelas pessoas e é transmitido por meio da interação social, do estudo, do trabalho e do lazer.[14]

As organizações bem-sucedidas são aquelas que sabem conquistar e motivar as pessoas para que elas aprendam e apliquem seus conhecimentos na solução dos problemas e na busca da inovação rumo à excelência.[15] A organização baseada no conhecimento depende, portanto, da GC. E o que é GC? É um processo integrado destinado a criar, organizar, disseminar e intensificar o conhecimento para melhorar o desempenho global da organização.[16]

O conhecimento tende a envolver um sentido de urgência devido a cinco tendências:[17]

- **Intensidade do conhecimento**: o aumento do conteúdo de conhecimento incorporado em produtos e serviços está se tornando um fator crítico de produção. Em muitas indústrias, o conhecimento está se tornando mais importante do que os tradicionais fatores de produção, como natureza, capital e trabalho. Cada vez mais, as organizações estão dependendo do conhecimento para melhorar seus produtos, serviços e processos, reduzir seus tempos de ciclo, oferecer inovação etc.

- **Rápida obsolescência do conhecimento**: ao mesmo tempo em que a intensidade do conhecimento está aumentando nas organizações, também estamos experimentando um encurtamento do ciclo de vida do uso de alguns conhecimentos específicos, que se tornam rapidamente ultrapassados e obsoletos. No passado, poucas coisas mudavam. As pessoas ocupavam cargos durante todo seu tempo de trabalho, e suas carreiras e seus conhecimentos estavam intimamente associados aos seus cargos. Atualmente, o trabalho das pessoas requer contínua aprendizagem de novos conhecimentos para sobreviver. O conhecimento está se tornando uma variável e o aumento gradativo do índice de mudança está provocando um forte estresse nas pessoas.

- **Conexões globais**: estamos experimentando um aumento da velocidade e da compressão do tempo, especialmente na internet. Os ciclos são medidos em meses e não mais em anos. Por meio da internet, temos um mundo conectado. O conceito de *aldeia global* de Marshall McLuhan tornou-se realidade. A internet elimina demoras em todos os níveis – entre trabalhadores, entre trabalhadores e gerentes, entre negócios e consumidores, entre parceiros e fornecedores de organizações etc.

- **Aumento da produtividade no trabalho**: as pressões da concorrência global fazem com que as organizações se tornem seletivas e focalizem quais os negócios em que pretendem se manter e quais os ativos intelectuais que devem ser competitivos. Consequentemente, a melhoria e o aumento da produtividade do conhecimento por meio da força de trabalho estão se tornando o principal desafio dos negócios no século atual.

- **Foco no crescimento**: a razão pela qual a produtividade do conhecimento está se tornando tão importante é que a inovação passou a ser a base do crescimento na equação dos negócios. Redução de custos e aumento da produtividade estão se tornando um estilo de vida, e o crescimento está sendo o objetivo global a ser perseguido. Por essa razão, o conhecimento está se constituindo em uma tendência fundamental para as organizações.

4.4.1 Estrutura do capital intelectual

Entrementes, há que se reconhecer que o conhecimento é um recurso diferente dos demais. Ele não ocupa espaço físico, é um ativo intangível.[18] Em uma organização do conhecimento, os assuntos financeiros não representam o verdadeiro valor do negócio.[19] Existem ativos intangíveis – ainda não mensuráveis pelos tradicionais métodos da contabilidade – e que são identificados como "nossas pessoas", "nossos clientes" e "nossa organização". Sveiby propõe que o valor total dos negócios da organização seja calculado pelo valor dos clientes, da organização e de competências, e não apenas pelos ativos tangíveis e contábeis que formam o capital financeiro. Assim, o capital intelectual é constituído de três aspectos intangíveis:[20]

- **Nossos clientes**: baseado no valor proporcionado pelo crescimento, pela força e pela lealdade dos clientes. Refere-se à estrutura externa, isto é, ao relacionamento da organização com os clientes, ao seu impacto nos retornos e na imagem e a como essa estrutura pode ser expandida para incluir novas relações externas.
- **Nossa organização**: baseado no valor derivado dos sistemas, dos processos, da criação de novos produtos e do estilo administrativo. Refere-se à estrutura interna, que inclui sistemas e processos, ferramentas de negócios, marcas registradas e cultura organizacional.
- **Nossas pessoas**: baseado no valor da organização, proporcionado pelo crescimento e pelo desenvolvimento das competências das pessoas, e em como essas competências são aplicadas às necessidades dos clientes. Refere-se às competências e às habilidades dos funcionários para agirem eficazmente em uma ampla variedade de situações.

Sveiby[21] salienta que o capital intelectual – ao contrário do capital financeiro, que é constituído de ativos físicos e concretos – é constituído de ativos invisíveis e intangíveis: capital externo, capital interno e capital humano, conforme a Figura 4.7.

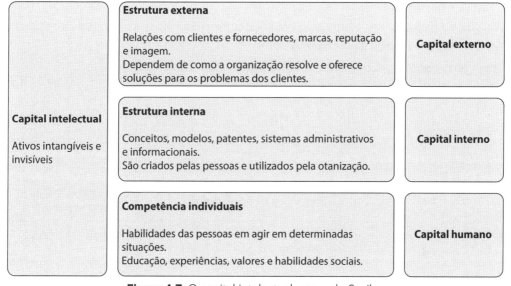

Figura 4.7 O capital intelectual, segundo Sveiby.

Enquanto o capital financeiro é constituído de recursos físicos e quantificáveis – como edifícios, máquinas, equipamentos, instalações –, o capital intelectual é basicamente constituído do conhecimento que as pessoas têm e que a organização utiliza. O conhecimento passa a ser o mais importante recurso das organizações. A maior parte dele está na cabeça das pessoas. E a maior parte das organizações não sabe exatamente como identificar, localizar, prospectar e utilizar toda essa enorme riqueza potencial que está perdida nas suas entranhas.

4.4.2 Indicadores do capital intelectual

As organizações bem-sucedidas apresentam indicadores (como crescimento, renovação, eficiência e estabilidade) para gerir e monitorar seus ativos intangíveis, cujo valor supera, muitas vezes, o de seus ativos tangíveis. Mais ainda: percebeu-se que administrar pessoas vem antes, durante e depois da administração de qualquer recurso organizacional (capital, máquinas, instalações etc.).[22] Por essa razão, o investimento maior está sendo feito não mais em máquinas e ferramentas e sim no conhecimento das pessoas. Muitas organizações desenvolvem esquemas de educação corporativa e de universidades corporativas e virtuais para melhorar a gestão do seu capital intelectual.

Os principais objetivos da educação corporativa são:[23]

- A UC é um processo de aprendizagem e não apenas um mero local físico.
- Oferecer oportunidades de aprendizagem que deem sustentação aos assuntos estratégicos empresariais mais importantes.
- Oferecer um currículo fundamentado em três Cs: cidadania corporativa, contexto situacional e competências básicas.
- Treinar toda a cadeia de valor envolvendo todos os parceiros: clientes, distribuidores, fornecedores, terceiros, instituições de ensino superior etc. Isso envolve ultrapassar as fronteiras tradicionais da organização.
- Passar do treinamento conduzido pelo instrutor para vários e diferentes formatos de apresentação e reforço da aprendizagem.
- Encorajar e facilitar o envolvimento dos líderes com o aprendizado.
- Assumir foco global no desenvolvimento de soluções de aprendizagem.
- Obter vantagens competitivas para possibilitar que a organização possa ingressar em novos mercados.

Quadro 4.3 Os paradigmas da organização baseada no conhecimento[24]

Item	Paradigma da Era Industrial	Paradigma da Era do Conhecimento
▪ Pessoas	▪ Geradores de custos ou recursos	▪ Geradores de receitas
▪ Fonte de poder para os gerentes	▪ Nível hierárquico na organização	▪ Nível de conhecimento
▪ Luta de poder	▪ Operários *versus* capitalistas	▪ Trabalhadores do conhecimento *versus* gerentes
▪ Responsabilidade básica da gerência	▪ Supervisionar os subordinados	▪ Apoiar os colegas

(continua)

(continuação)

Item	Paradigma da Era Industrial	Paradigma da Era do Conhecimento
■ Informação	■ Instrumento de controle	■ Recurso e ferramenta para comunicação
■ Produção	■ Operários processando recursos físicos para criar produtos tangíveis	■ Trabalhadores do conhecimento convertendo conhecimento em estruturas intangíveis
■ Fluxo de informação	■ Por meio da hierarquia organizacional	■ Por meio de redes colegiadas
■ Gargalos da produção	■ Capital financeiro e habilidades humanas	■ Tempo e conhecimento
■ Fluxo de produção	■ Sequencial e direcionado pelas máquinas	■ Caótico e direcionado pelas ideias
■ Efeito do tamanho	■ Economia de escala no processo produtivo	■ Economia de escopo das redes
■ Relações com clientes	■ Unidirecionais por meio do mercado	■ Interativas por meio de redes pessoais
■ Conhecimento	■ Uma ferramenta ou recurso entre outros	■ O foco do negócio
■ Propósito do aprendizado	■ Aplicação de novas ferramentas	■ Criação de novos ativos
■ Valor de mercado (das ações)	■ Decorrente dos ativos tangíveis	■ Decorrente dos ativos intangíveis

4.5 ORGANIZAÇÕES DE APRENDIZAGEM

Muitas organizações estão se transformando em verdadeiras agências de aprendizagem, e os antigos órgãos de treinamento, em verdadeiras agências de educação corporativa. Com isso, as organizações estão gradativamente mudando sua configuração e dinâmica para privilegiar o aprendizado em todos os seus níveis e áreas de atuação. As organizações de aprendizagem proporcionam enormes vantagens em relação às organizações tradicionais. As tradicionais fronteiras horizontais, sejam funcionais, sejam divisionais (departamentos e divisões estanques), e as fronteiras verticais (hierarquia) constituem verdadeiras barreiras internas que inibem a cooperação, o compartilhamento de recursos e o debate interno, que permitem promover o aprendizado de novas competências e a adoção de comportamento cooperativo e de assunção de riscos. Trata-se de contar com equipes que cultivem uma nova cultura que enfatiza o compartilhamento do conhecimento, as comunicações abertas, o espírito de equipe e a ampla difusão de novas ideias em toda a organização.[25]

SAIBA MAIS — **Organizações que aprendem**

Para Senge, as organizações aprendem somente por meio de indivíduos que aprendem. Aprendizagem individual não garante aprendizagem organizacional, mas, sem ela, nenhuma aprendizagem organizacional acontece. Nas "organizações que aprendem", as pessoas expandem continuamente sua capacidade de criar os resultados que elas realmente desejam, onde maneiras novas e expansivas de pensar são encorajadas, onde a aspiração coletiva é livre e onde as pessoas estão constantemente aprendendo a aprender coletivamente.[26] E Nonaka e Takeuchi asseveram que "apesar de usarmos o termo 'criação de conhecimento organizacional', a organização não pode criar conhecimento sozinha, sem a iniciativa dos indivíduos e das interações que acontecem em equipe".[27] Empresas criadoras de conhecimento seriam, pois, aquelas que criam, sistematicamente, novos conhecimentos, disseminam-nos pela organização inteira e, rapidamente, incorporam-nos a novas tecnologias e produtos. Isso, segundo o modelo desses autores, ocorreria a partir de uma espiral de conhecimento baseada no comprometimento pessoal e em vários processos de conversão entre o conhecimento implícito e o conhecimento explícito, envolvendo desde o indivíduo até o grupo, a organização e o ambiente.

Esse processo contínuo e sistemático de aprendizagem e o grau de aprendizado dentro da organização determinam a sua incrível capacidade de surfar em um ambiente dinâmico, mutável e turbulento. O conceito de organização de aprendizagem não é apenas algo de gestão, mas, sobretudo, de organização como uma totalidade holística. Nela, todos os colaboradores são encorajados a capturar, compartilhar e utilizar o conhecimento de modo que a organização possa continuamente enfrentar tranquilamente os desafios futuros.

Quadro 4.4 Organização tradicional × organização de aprendizagem[28]

Função	Organização tradicional	Organização de aprendizagem
Determinação da direção feral	A visão é proporcionada pela cúpula da empresa	A visão é compartilhada e emerge de muitos lugares, mas a cúpula é responsável por assegurar que essa visão existe e deve ser alcançada
Formulação e implementação de ideias	A cúpula decide o que deve ser feito e o restante da empresa trabalha com essas ideias	A formulação e a implementação de ideias ocorrem em todos os níveis da organização
Natureza do pensamento organizacional	Cada pessoa é responsável pelas atividades do seu cargo e o foco está no desenvolvimento de suas competências individuais	As pessoas conhecem suas atividades e como elas se inter-relacionam com as demais dentro da organização

(continua)

(continuação)

Função	Organização tradicional	Organização de aprendizagem
Resolução de conflitos	Os conflitos são resolvidos por meio do uso do poder e da influência hierárquica	Os conflitos são resolvidos por meio da aprendizagem colaborativa e da integração dos pontos de vista das pessoas da organização
Liderança e motivação	O papel do líder é definir a visão organizacional, providenciar recompensas e punições adequadas e manter o controle das atividades das pessoas	O papel do líder é construir uma visão compartilhada, empoderar as pessoas, inspirar compromisso e encorajar decisões eficazes na empresa

O conhecimento não pode ficar ao sabor do acaso nem das oportunidades. Na verdade, o aprendizado e o desenvolvimento devem ser feitos nas atividades do dia a dia para associar o que se aprende ao que se faz na prática, e não podem ficar restritos a algumas semanas por ano durante cursos específicos de treinamento. O aprendizado deve ser organizado e contínuo, afetando e envolvendo todos os membros da organização e não apenas alguns deles. As organizações bem-sucedidas estão se transformando em verdadeiros centros de aprendizagem. Por essa razão, recebem o nome de organizações de aprendizagem: organizações que aprendem por meio de seus membros. O aumento do interesse no desenvolvimento de pessoas em todos os níveis da organização pode ser atribuído a três fatores:[29]

1. Nas organizações de aprendizagem, as pessoas estão assumindo responsabilidades cada vez mais abrangentes. Os gerentes enfrentam um ambiente completamente novo e são responsáveis por um número maior de pessoas trabalhando em uma organização orientada para os processos. As habilidades e os comportamentos pertinentes no passado já não funcionam mais. É preciso mudar radicalmente ou enfrentar o fracasso.

2. Está havendo um crescente número do que Drucker chama de "trabalhadores do conhecimento". Isso significa que há vantagens em possuir *expertise* e habilidades de alta qualidade. O mercado está exigindo profissionais bem qualificados.

3. Está havendo um forte reconhecimento a respeito da importância de recrutar, manter e desenvolver pessoas talentosas. Em um ambiente turbulento, nunca foi tão importante ter as pessoas certas para o trabalho e mantê-las, motivá-las e desenvolvê-las. É preciso desenvolver habilidades sempre, independentemente de quem a pessoa seja, do que faça, para quem faça ou onde faça.

4.6 APRENDIZAGEM ORGANIZACIONAL

Um dos pioneiros da aprendizagem organizacional foi Argyris.[30] Para ele, a aprendizagem organizacional ocorre em duas condições básicas. Primeiro, quando uma organização alcança o que pretende, isto é, quando passa a existir uma correspondência entre seu plano de ação e o resultado real. Segundo, quando uma defasagem entre o objetivo pretendido e o resultado alcançado é identificada e corrigida, isto é, a defasagem é transformada em correspondência. O aprendizado ocorre quando são criadas as correspondências ou quando as defasagens são corrigidas, primeiramente por meio da análise e da mudança das variáveis e, em seguida, por intermédio das ações. Argyris salienta que a TI tem papel crucial no sentido de ampliar a aceitação e a prática do aprendizado nas organizações. No passado, a abordagem de cima para baixo ganhou força com base no fato de que grande parte do comportamento não é transparente. A TI torna as transações transparentes. Portanto, o comportamento não é mais velado, nem oculto. A TI cria verdades fundamentais em que essas verdades não existiam antes. Em outras palavras, a TI está estimulando e incrementando a ética e o aprendizado nas organizações.[31]

O conhecimento depende da aprendizagem. Peter Senge cunhou a expressão *organização de aprendizagem* e propõe cinco disciplinas de aprendizagem como um conjunto de práticas para construir e melhorar a capacidade de aprendizagem nas organizações. Essas cinco disciplinas são:[32]

1. **Domínio pessoal**: é uma disciplina de aspiração. Consiste em aprender a gerar e manter uma tensão criativa em nossa vida. Envolve a formulação de um conjunto coerente de resultados que as pessoas desejam alcançar como indivíduos (sua visão pessoal) em um alinhamento realístico com o estado atual de suas vidas (sua realidade atual). Aprender a cultivar a tensão entre a visão pessoal e a realidade externa aumenta a capacidade de fazer melhores escolhas e alcançar melhor os resultados escolhidos.

2. **Mudança de modelos mentais**: é uma disciplina de reflexão e questionamento para trazer à superfície, testar e melhorar nossas imagens internas do mundo. Focalizam o desenvolvimento de atitudes e percepções que influenciam o pensamento e a interação entre as pessoas. Ao refletirem sobre aspectos internos do mundo, as pessoas ganham mais capacidade de governar suas ações e decisões.

3. **Visão compartilhada**: é uma disciplina coletiva que visa estabelecer objetivos comuns. As pessoas aprendem a nutrir um senso de compromisso em um grupo ou organização, desenvolvendo imagens do futuro que pretendem criar e os princípios e as práticas orientadoras que esperam alcançar.

4. **Aprendizagem de equipes**: é uma disciplina de interação grupal para aprendizagem em grupo. A aprendizagem é feita por meio de equipes e utiliza técnicas como diálogo e discussão para desenvolver o pensamento coletivo, aprender a mobilizar energias e ações para alcançar objetivos comuns e desenvolver inteligência e capacidade maiores do que a soma dos talentos individuais.

5. **Raciocínio sistêmico**: é uma disciplina de aprendizagem e busca a visão de globalidade. Por meio do *insight*, as pessoas aprendem melhor compreendendo a interdependência e a mudança para lidar mais eficazmente com as forças que produzem efeitos em suas ações. Pensamento sistêmico é baseado na retroação e na complexidade. Sobretudo, mudar sistemas na sua totalidade e não apenas detalhes deles.

A aprendizagem organizacional é feita a partir dessas cinco disciplinas, capazes de fazer com que pessoas e grupos possam conduzir as organizações para a mudança e a renovação contínuas.[33]

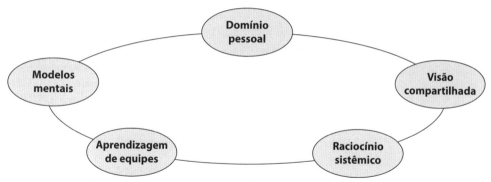

Figura 4.8 Os cinco princípios da organização que aprende.[34]

Em suma, o aprendizado é positivo e excelente para as organizações. Ele conduz à inovação. Embora pareça um produto, a aprendizagem organizacional é um processo. E os processos não se revelam facilmente para que todos os vejam. Assim, é necessário desenvolver nas organizações uma mentalidade de aprendizagem contínua, como a sua principal vantagem competitiva.[35]

A organização que aprende se desenvolve:[36]

- **A partir da aprendizagem da sua história**: é a maneira pela qual a organização pode antecipar resultados se o comportamento permanece constante. Ela pode rever sucessos e falhas, acessar sistematicamente e registrar lições aprendidas. Ao utilizar bases de dados, estudos de casos, revisões de projetos e outras fontes, a organização pode buscar novas perspectivas de maneiras de conduzir seu negócio.

- **A partir da aprendizagem dos outros**: pode iluminar a respeito de novas técnicas e processos. Apesar de vir de diferentes campos, a organização pode aprender a maneira de trabalhar de outras organizações. O *benchmarking* é uma maneira por meio da qual uma organização pode aprender com outras, buscar novas alternativas e retroação por meio de pesquisas sobre produtos ou serviços.

- **Transferindo aprendizagem**: é a chave para a iniciativa de aprender. Uma atividade ou treinamento é um evento isolado até que seja disseminado por meio da organização ou aplicado em um trabalho. Aprendizagem pode ser passada a outros na organização por meio de relatórios orais, comunicações escritas, visitas a *sites*, programas de rotação, vídeos, áudios, salas virtuais de aulas etc.

Todavia, as organizações de aprendizagem têm características típicas da aprendizagem para toda a vida (*lifelong learning*), entre as quais:[37]

- **Oportunidades para a aprendizagem contínua**: isso inclui um plano de abordagem da aprendizagem, como designação de trabalho, treinamento formal, *mentoring* e autodesenvolvimento individual. Gestores têm a responsabilidade de reconhecer o que os aprendizes precisam conhecer e acessar.

- **Interação entre pessoas e mudanças**: por meio do fluxo de informação disponível para todos, os membros da organização são encorajados a questionar e desafiar a informação, bem como compartilhar seus pontos de vista. O clima requerido para tal diálogo, em que enganos e falhas são apresentados e os indivíduos encorajados a falar tanto de suas perdas quanto de suas vitórias. Esse clima oferece comunicação aberta.

- **Responsabilidade de todos os membros**: toda informação deve ser disponível e acessível, e todo conhecimento, transferido e expedido de uma pessoa para outra.
- **Investimento em T&D para todos**: colaboradores e consumidores consideram a aprendizagem um investimento para futuras credibilidade, integridade e estabilidade da organização. Para tanto, deve-se ter oportunidades de aprendizado para todos, independentemente de posição ou nível.
- **Visão compartilhada do futuro de todos os colaboradores**: a cultura assegura a todos o direito de dizer como a visão deverá se desenvolver.
- **Integração entre trabalho e aprendizado**: ambos compartilham os mesmos objetivos e todos os colaboradores são encorajados a alcançar tais objetivos. A organização convida todos a incrementar seu conhecimento em seus estilos preferidos de aprender, seja na velocidade, seja nas tecnologias de entrega.
- **Encorajamento para o aprendizado continuado**: a organização de aprendizagem encoraja os colaboradores a pensar e contribuir por meio de todos os meios possíveis, classes, grupos de leitura ou simples conversações.

A aprendizagem se distribui nos diferentes níveis da organização: individual, grupos ou equipes, unidades funcionais, redes, plataformas, redes de consumidores, fornecedores e outros grupos internos ou externos. A organização de aprendizagem oferece um ambiente altamente social e abrangente, em que todos se ajudam reciprocamente a aprender, conforme a Figura 4.9.

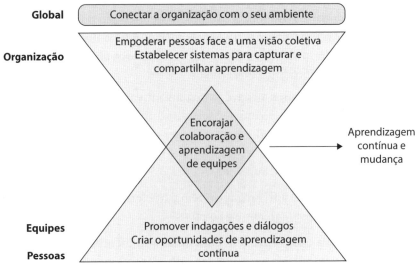

Figura 4.9 Os imperativos de ação da organização de aprendizagem.[38]

Toda organização precisa aprender e inovar para poder enfrentar os desafios que bloqueiam o seu progresso. A vantagem competitiva de uma organização somente é sustentável por meio do que ela sabe, de como ela consegue utilizar aquilo que sabe e da rapidez com que aprende algo novo. A aprendizagem organizacional requer uma cadeia integrada de líderes e de todas as pessoas que possuem o conhecimento adequado às necessidades da organização para que se construa uma organização maior do que a soma de suas partes e que ultrapasse os resultados esperados.[39] O conceito tradicional de ensinar é diferente do conceito de aprender: ensina-se transmitindo informações e aprende-se com as vivências. No primeiro, usamos somente o pensamento; no segundo, os sentimentos e os pensamentos. A aprendizagem humana é o resultado dinâmico de relações entre as informações e os relacionamentos interpessoais.

Quadro 4.5 Diferenças entre o ambiente tradicional de treinamento e o ambiente de organização de aprendizagem[40]

Ambiente tradicional de treinamento	Ambiente de organização de aprendizagem
▪ Impulsionado por instrutor de aprendizagem ▪ Abordagem programada e prescritiva ▪ Entrega baseada em classe de aula ▪ Programa como base principal ▪ Frequência como determinante da capacidade ▪ Oferecido de uma única forma para todos. ▪ Baseado em análise genérica das necessidades	▪ Aprendizado autodirecionado ▪ Abordagem de autosserviço ▪ Modos de multientrega ▪ Competências como base principal ▪ Competência como determinante da capacidade ▪ Apenas lacuna entre a capacidade atual e a requerida ▪ Baseado na avaliação da competência individual

O ciclo de aprendizagem vivencial envolve as seguintes fases:

- **Vivência**: isto é, a atividade ou ação. Aqui, utilizam-se técnicas de sensibilização, dinâmica de grupo, simulações, jogos lúdicos, jogos de empresa, técnicas experimentais ao ar livre, estudos de casos para trabalhar com conceitos, experiências e afetividade das pessoas para promover mudanças no comportamento.
- **Relato**: é o compartilhamento de sentimentos, reações e observações com o grupo.
- **Processamento**: é a análise da experiência vivenciada.
- **Generalização**: é a inferência de princípios sobre o mundo real.
- **Aplicação**: é o planejamento de comportamentos mais eficazes e da utilização de novos conceitos no cotidiano da atividade profissional.

Assim, a aprendizagem organizacional busca desenvolver o conhecimento e as habilidades que capacitem as pessoas a compreender e a agir eficazmente dentro das organizações. Uma organização de aprendizagem constrói relações colaborativas no sentido de dar força aos conhecimentos, às experiências, às capacidades e às maneiras de fazer as coisas que as pessoas devem utilizar. Melhorar os processos de comunicação que levam as pessoas a articular e refinar suas aspirações e objetivos para melhor alcançá-los.[41]

Para Geus, a organização bem-sucedida é aquela que aprende eficazmente. A habilidade de aprender mais rápido do que os concorrentes pode ser a única vantagem competitiva sustentável. Quando a aprendizagem é encorajada, as pessoas se tornam hábeis em:[42]

- **Desenvolver novas competências**: compreender o negócio e as causas e efeitos de certas decisões estratégicas.
- **Adquirir novos *insights***: como os clientes poderão reagir aos esforços de marketing ou como a missão da organização influencia as decisões cotidianas das pessoas envolvidas.
- **Visualizar novos horizontes**: combinando os novos *insights* e competências para ajudar as pessoas a ver mais claramente o que elas devem alcançar e como devem alcançar.
- **Sentir-se recompensadas em seu trabalho**: ao aprender e desenvolver suas habilidades e seus talentos, as pessoas sentem-se mais satisfeitas e realizadas com aquilo que fazem. Quando as pessoas se sentem recompensadas pelo seu trabalho, elas se tornam comprometidas com os objetivos da organização.

Em resumo, as organizações bem-sucedidas são aquelas que aprendem eficazmente. Em uma economia na qual a única certeza é a incerteza e a única constante é a mudança, a única fonte certa de vantagem competitiva duradoura é o conhecimento. Quando os mercados mudam, as tecnologias se proliferam, os concorrentes se multiplicam e os produtos se tornam rapidamente obsoletos. As organizações bem-sucedidas são aquelas que criam o novo conhecimento de modo consistente, disseminam-no amplamente pela organização e rapidamente o incorporam às novas tecnologias e aos produtos.[43] Entretanto, a aprendizagem organizacional é mais do que apenas adquirir novos conhecimentos e percepções. Afinal, é também crucial e mais difícil desaprender os conhecimentos antigos que perderam relevância e se tornaram ultrapassados.[44]

As bases para a criação de uma organização de aprendizagem são:[45]

- **Rede de relacionamentos**: monitorar estreitamente o que está ocorrendo no ambiente de negócios da organização, por meio de contatos dos funcionários com os clientes, as novas tecnologias, os fornecedores, os acionistas e os futuros candidatos a emprego. Utilizar uma ampla rede de relacionamentos da organização com o ambiente como um meio de buscar continuamente informação e conhecimento.
- **Recursos de busca da informação e do conhecimento**: desenvolver e oferecer meios e recursos para que as pessoas que recebem essas informações possam relacioná-las com o que as demais pessoas estão observando e analisá-las de acordo com o conhecimento prévio da organização. Criar condições para que toda a informação e todo o conhecimento sejam úteis para o trabalho das pessoas e para que possam ser transformados em ações eficazes e que produzam resultados concretos.
- **Coletar a informação e o conhecimento**: reunir, documentar e organizar as informações e as análises para torná-las disponíveis para todas as pessoas da organização e para sua subsequente utilização. Disponibilizar toda a informação e todo o conhecimento mediante meios adequados para localização e utilização intensiva em todos os níveis da organização.
- **Aumentar gradativamente o nível de aprendizagem da organização**: e medir continuamente o índice de aprendizagem, a fim de assegurar que foram obtidos ganhos de fato. Fazer com que o conhecimento seja continuamente incorporado por meio da aprendizagem ao comportamento das pessoas e avaliar o grau em que isso está sendo alcançado para aumentar o volume e a intensidade do fenômeno.

Na organização de aprendizagem, o aprendizado acontece continuamente em todos os níveis da organização, por meio das pessoas, das equipes, das unidades, das redes internas, bem como das redes de clientes, fornecedores e outros grupos externos. A organização de aprendizagem oferece um ambiente social de aprendizado no qual as pessoas aprendem à medida que trabalham com outras no alcance de objetivos comuns. Na verdade, a organização de aprendizagem é um sistema complexo baseado em uma cultura focada na melhoria contínua do capital humano. As relações entre indivíduos e organização nesse sistema têm um impacto direto e forte sobre como e o que a organização aprende com os seus colaboradores. O segredo é transformar a organização em uma infraestrutura que promova um ambiente focado na mudança e no aprendizado contínuo.[46] O aprendizado envolve a organização, as equipes e as pessoas, como mostra a Figura 4.10.

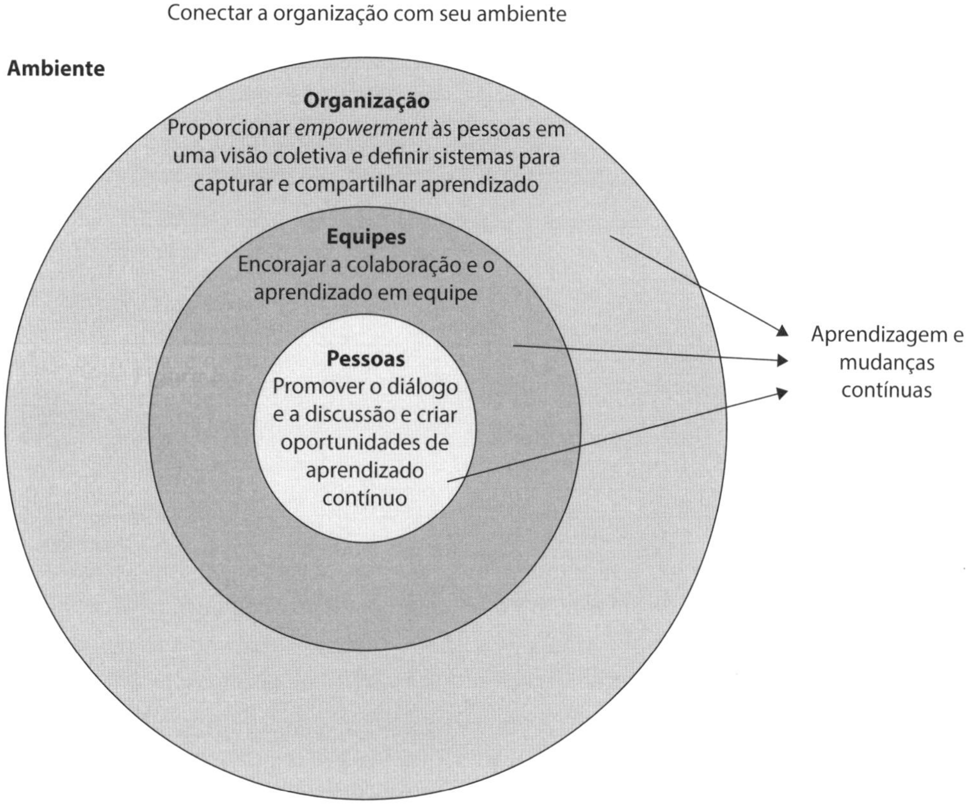

Conectar a organização com seu ambiente

Ambiente

Organização
Proporcionar *empowerment* às pessoas em uma visão coletiva e definir sistemas para capturar e compartilhar aprendizado

Equipes
Encorajar a colaboração e o aprendizado em equipe

Pessoas
Promover o diálogo e a discussão e criar oportunidades de aprendizado contínuo

Aprendizagem e mudanças contínuas

Figura 4.10 Modelo de organização de aprendizagem.[47]

Essa infraestrutura começa com o aprendizado no nível individual para criar contínuas oportunidades de aprendizado graças aos resultados do trabalho de cada pessoa. No nível individual, o diálogo e a discussão são encorajados e promovidos em uma cultura de questionamento e experimentação na organização. No nível de equipe, a colaboração e a cooperação são encorajadas, e o foco não é necessariamente o espírito de equipe, mas o aprendizado como equipe. No nível organizacional, que se enriquece gradativamente, o aprendizado é capturado em políticas, procedimentos, linhas mestras e estratégias. O nível final é o ambiente externo. Nesse nível, a organização deve aprender com seus clientes, fornecedores e concorrentes que estão além de suas fronteiras. O foco principal de uma organização de aprendizagem é a transformação. A infraestrutura deve ser criada para assegurar que o conhecimento seja capturado e compartilhado. Todas as pessoas devem aprender a pensar sistematicamente sobre o impacto de suas decisões. O aprendizado passa a ser parte integrante do trabalho cotidiano. A participação é fundamental. A pré-condição para a criação de uma organização de aprendizagem é a avaliação das competências atuais. Com base nisso, a organização define quais as estratégias que deve formular, implementar e desenvolver. A principal consequência da criação de uma organização de aprendizagem é o crescente aumento do capital intelectual.

Quadro 4.6 Ambiente tradicional de treinamento × ambiente de organização de aprendizagem[48]

Ambiente tradicional de treinamento	Ambiente de organização de aprendizagem
■ Aprendizado impulsionado pelo instrutor	■ Aprendizado autodirigido
■ Abordagem programada e prescritiva	■ Abordagem de autosserviço
■ Transmissão baseada em classe	■ Modos diversos de transmissão
■ Programas como o principal curso	■ Competências como o principal curso
■ Presença como determinante da capacidade	■ Demonstração de competência como determinante da capacidade
■ Oferecido de uma só maneira para todos	■ Elevar a capacidade atual para a capacidade requerida
■ Baseada em análise genérica de necessidades de treinamento	■ Baseada em avaliação individual da competência

Para gerar uma organização que aprende, é preciso criar e desenvolver mais estilos de liderança que sejam participativos, democráticos e baseados na participação e na cooperação. Muito mais do que isso: deseja-se impulsionar e fazer crescer as pessoas e, assim, agregar qualidade, serviço, inovação, flexibilidade, agilidade e velocidade de maneira crescentemente crítica. As organizações de aprendizagem se destacam pelo que elas sabem e pela forma como conseguem utilizar esse conhecimento e transformá-lo agilmente em realidade palpável por meio de novos processos, produtos ou serviços. A inovação está na base disso tudo.

Na verdade, todas as práticas e os mecanismos que vimos anteriormente referem-se à GC na organização. A GC é um processo sistemático com o propósito de compilar e controlar os recursos e as habilidades e competências dos colaboradores da mesma maneira como as empresas controlam seus inventários, suas matérias-primas e outros recursos físicos. A TI desempenha um papel muito importante na melhoria dos processos e na qualidade da aprendizagem organizacional.[49]

Aumente seus conhecimentos sobre **A abordagem computacional e a abordagem humana** na seção *Saiba mais* TDRH 4.5

Capítulo 4 – Educação Corporativa e Organizações de Aprendizagem

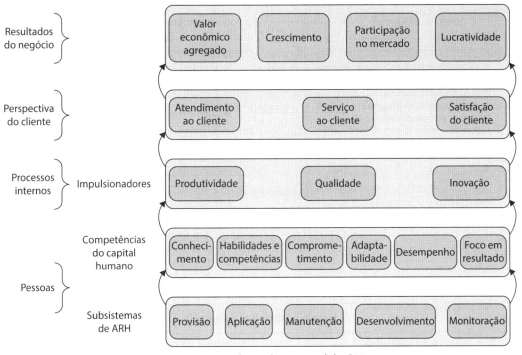

Figura 4.11 *Balanced scorecard* da GH.

 VOLTANDO AO CASO INTRODUTÓRIO
Supermercados Preços Hiper Baixos (PHB)

João Pedro estava satisfeito com os resultados iniciais que os planos de Giovanna estavam apresentando. Porém, havia um item que ainda não tinha sido tratado. Em uma reunião gerencial, ele comentou que precisaria de uma proposta que ajudasse a eliminar os feudos que ainda existiam na empresa, para que a PHB buscasse ser uma *"learning organization"*, ou seja, uma empresa que aprende constantemente. Como você ajudaria Giovanna a montar um plano para atender a demanda de João Pedro?

4.7 OBJETIVOS DO SUBSISTEMA DE DESENVOLVIMENTO DE PESSOAS

Diante de todos os aspectos tratados até o momento – educação corporativa, Gestão de Competências, GC, organizações de aprendizagem –, a conclusão a que se chega é de que o Subsistema de Desenvolvimento de GH tem a incumbência de realizar as seguintes transformações nas organizações:

- **Transformar pessoas em talentos**: talento, na Antiguidade, era uma moeda de alto valor; significa uma pessoa dotada de valor excepcional. Ter pessoas não significa necessariamente ter talentos. Há uma diferença incrível. Para transformar pessoas em talentos é necessário dotá-las de competências que as tornam mais valiosas. Os talentos constituem parceiros importantes da organização pelas seguintes razões:

- Assumem a responsabilidade pela execução das tarefas de maneira excepcional. Constituem a base da excelência operacional das organizações, pois sabem como ninguém fazer o trabalho da melhor maneira possível.
- São responsáveis pela melhoria contínua daquilo que fazem. Constituem o motor da excelência pelo fato de sempre fazerem melhor do que antes. O desenvolvimento organizacional passa necessariamente pelos talentos da organização.
- São orientados por metas a serem alcançadas e cumpridas. E quase sempre essas metas são ampliadas continuamente.
- Estão orientados para o cliente – seja interno, seja externo. Sua atividade é focada externamente em direção ao cliente que recebe direta ou indiretamente o fruto de seu trabalho.
- Gostam de trabalhar em conjunto e em equipes. Suas habilidades interpessoais são desenvolvidas e o trabalho é social e solidário, e não individual ou solitário.
- Agregam valor – seja intelectual, seja financeiro – àquilo que fazem. São os responsáveis pelo fato de a organização, o cliente, a comunidade e a sociedade alcançarem um valor cada vez mais elevado.

- **Transformar talentos em capital humano**: ter talentos nem sempre significa ter capital humano. A diferença está no contexto, na situação e nas condições em que os talentos trabalham. Muitas vezes, os talentos não têm condições de realizar suas potencialidades devido ao fato de estarem presos e limitados a cargos rotineiros, a estruturas rígidas de organização ou a culturas de desconfiança. Capital humano significa talentos trabalhando em uma arquitetura organizacional adequada (em equipes e não em cargos restritos), em uma cultura organizacional (participativa e não limitativa) e com um estilo de gestão alavancador (democrático e não autocrático). Capital humano significa talentos envolvidos por um ambiente de trabalho dinâmico, empreendedor, participativo, envolvente, alegre e agradável. Por essa razão, as empresas mais avançadas querem ser o melhor lugar para se trabalhar.
- **Transformar capital humano em capital intelectual**: e qual a diferença? Simples: o capital humano é o fundamento do capital intelectual, que dinamiza o capital interno e o capital externo – igualmente intangíveis – de uma organização.
- **Transformar capital intelectual em resultados tangíveis**: para o capital intelectual valer no mercado, ele precisa ser convertido em resultados concretos que criem e adicionem valor financeiro. Estamos falando de lucratividade, valor econômico agregado, crescimento, participação, produtividade, qualidade, competitividade.
- **Transformar resultados tangíveis em retornos dos investimentos** dos públicos estratégicos para aumentar a sustentabilidade do negócio.

```
┌─────────────────┐   ┌─────────────────┐   ┌─────────────────┐
│ Transformar     │   │ Transformar     │   │ Transformar     │
│ pessoas         │   │ talentos em     │   │ capital humano  │
│ em talentos     │   │ capital humano  │   │ em capital      │
│                 │   │                 │   │ intelectual     │
└─────────────────┘   └─────────────────┘   └─────────────────┘

        ┌─────────────────┐   ┌─────────────────┐
        │ Transformar     │   │ Transformar     │
        │ capital         │   │ resultados      │
        │ intelectual em  │   │ tangíveis em    │
        │ resultados      │   │ retornos dos    │
        │ tangíveis       │   │ investimentos   │
        │                 │   │ dos públicos    │
        │                 │   │ estratégicos    │
        └─────────────────┘   └─────────────────┘
```

Figura 4.12 O caminho estratégico da educação corporativa.

Esse é o caminho estratégico para transformar todo o potencial humano de uma organização em valor e riqueza para todos os seus públicos estratégicos.

RESUMO

A organização somente aprende por meio das pessoas que a constituem. A organização somente se desenvolve a partir do desenvolvimento de seus funcionários e colaboradores. Entre todos os recursos organizacionais, os únicos capazes de autodireção e de desenvolvimento são os recursos humanos. São recursos vivos e, como tal, têm enorme aptidão para o crescimento e o desenvolvimento. Daí a necessidade de subsistemas de desenvolvimento de GH, englobando treinamento (no nível microscópico) e desenvolvimento organizacional (no nível macroscópico). Contudo, mais do que isso, o Subsistema de Desenvolvimento de GH está particularmente centrado na aprendizagem individual, grupal e organizacional. Ensinar somente vale a pena quando ocorre a aprendizagem.

A educação corporativa é um esforço global e holístico no sentido de oferecer amplas condições para que ocorra a aprendizagem. Conhecimentos, habilidades, julgamentos e atitudes somente são aprendidos em larga escala e transformados em competências quando a organização concentra seus esforços em transmitir continuamente estímulos no sentido de proporcionar aprendizado.

Em uma era de mudanças e transformações rápidas e velozes, o T&D se mostra insuficiente para dar conta do recado e proporcionar aprendizado em paralelo ao ritmo e à velocidade das mudanças ambientais. As organizações, agora, estão migrando do velho e tradicional T&D para a educação corporativa, no sentido de proporcionar e atualizar competências, tais como aprender a aprender, comunicação e colaboração, raciocínio criativo e solução de problemas, conhecimento tecnológico, conhecimento global dos negócios da organização e liderança e autogerenciamento da carreira às pessoas. Trata-se de um enorme e variado leque de oportunidades de aprendizagem para que as pessoas possam se desenvolver na velocidade das mudanças ambientais, o que é quase impossível, mas perfeitamente desejável.

Assim, a educação corporativa se desdobra em duas vertentes principais. Na primeira vertente (Gestão do Conhecimento Corporativo), a organização procura criar, identificar, integrar, recuperar, compartilhar e utilizar o conhecimento a respeito do seu negócio, dos seus produtos e serviços, dos seus processos e métodos de trabalho etc. As UCs têm sido um dos instrumentos preferidos para tal investimento. E na segunda vertente (Gestão das Competências), a organização procura desenvolver em seus funcionários novas e diferentes competências a fim de alavancar suas competências essenciais e, assim, criar vantagens competitivas.

Por trás disso tudo está o aumento do capital humano e, consequentemente, do capital intelectual.

TÓPICOS PRINCIPAIS

Desenvolvimento humano	Educação corporativa
Universidade corporativa (UC)	Gestão do Conhecimento (GC)
Ciclo da GC	Competências individuais
Competências organizacionais	Capital intelectual
Indicadores do capital intelectual	Aprendizagem organizacional
Organizações de aprendizagem	Organizações que aprendem
As cinco disciplinas	GH e a transformação de pessoas

QUESTÕES PARA DISCUSSÃO

1. Explique quais são as competências pessoais para o novo ambiente de negócios.
2. O que significa dizer que o conceito de educação corporativa é um processo e não um local de prática de experiências de aprendizagem?
3. Quais são as tendências atuais da educação corporativa?
4. Defina GC.
5. Qual a importância da GC para as organizações?
6. O conhecimento nas organizações está somente nas pessoas? Justifique.
7. Qual a diferença entre GC e Gestão da Informação?
8. Qual(is) vantagem(ens) uma organização tem ao promover a GC?
9. Defina o conceito de competência.
10. Explique e exemplifique os quatro fatores das competências individuais.
11. O que significa a expressão *capital intelectual*?
12. Por que o conhecimento é considerado o recurso mais importante para uma organização?
13. Quais são os principais objetivos da educação corporativa?
14. Qual a diferença entre uma organização com foco na aprendizagem e uma organização tradicional?
15. Explique as cinco disciplinas propostas por Peter Senge e como elas interagem entre si.
16. Analise a frase: "A educação corporativa serve somente para as grandes organizações, que possuem recursos para investir em tecnologia educacional". Você concorda ou discorda dela? Justifique sua resposta com base nos conceitos adquiridos.
17. Quais os principais objetivos do Subsistema de Desenvolvimento de Pessoas?

REFERÊNCIAS

1. MEISTER, J. C. *Educação corporativa*: a gestão do capital intelectual através das universidades corporativas. São Paulo: Makron Books, 1999.
2. MEISTER, J. C. *Educação corporativa*: a gestão do capital intelectual através das universidades corporativas, *op. cit.*
3. TERRA, J. C. C. *Gestão do conhecimento*: o grande desafio empresarial. Rio de Janeiro: Elsevier-Negócio Editora, 2005. p. 8.
4. TROST, T. *Value based knowledge strategies*: strategies to build explicit knowledge to create corporate value and underpin critical capabilities. Berlin: Diplomica Verlag GmbH, 2001.
5. TROST, T. *Value based knowledge strategies*, *op. cit.*
6. TROST, T. *Value based knowledge strategies*, *op. cit.*
7. BUKOWITZ, W.; WILLIAMS, R. *The knowledge management fieldbook*. Financial Times/Prentice Hall: Upper Saddle River, 1999.
8. PAUL, E. *Knowledge management*: unleashing innovation: four knowledge management models to supercharge your organization, *op. cit.*
9. *Vide*: DAVENPORT, T. H.; PRUSAK, L. *Conhecimento empresarial*: como as organizações gerenciam o seu capital intelectual. Rio de Janeiro: Campus, 1998.

    BUKOWITZ, W.; WILLIAMS, R. *The knowledge management fieldbook*, *op. cit.*

    WIIG, K. *Knowledge management methods*. Arlington: Schema Press, 1995.

    WANG, C.; AHMED, P. The knowledge value chain: a pragmatic knowledge implementation network. *Handbook of Business Strategy*. v. 6, n. 1, p. 321-326, 2005.
10. BABINI, L. Como criar sua UC?. *Revista Brasileira de Administração, RBA*, Brasília, DF, Conselho Federal de Administração, Ano XXIV, n. 90, p. 44-50, jan./fev. 2014. O artigo faz parte da *HSM Management*.
11. BABINI, L. *Como criar sua UC?*, *op. cit.*, p. 50.
12. MEISTER, J. C. *Educação corporativa*: a gestão do capital intelectual através das universidades corporativas, *op. cit.*
13. CHIAVENATO, I. *Introdução à Teoria Geral da Administração*: uma visão abrangente da moderna administração das organizações. 10. ed. São Paulo: Atlas, 2020.
14. STEWART, T. A. *Capital intelectual*: a vantagem competitiva das empresas. Rio de Janeiro: Campus, 1998.
15. KOULOPOULOS, T. M.; SPINELLO, R. A.; WAYNE, T. *Corporate instinct*: building a knowing enterprise for the 21st Century. Van Nostrand: Reinhold, 1997.
16. DAVENPORT, T. H.; PRUSAK, L. *Working knowledge*: how organizations manage what they know. Harvard Business School Press, 1998.
17. ALAIRE, P. A. *Managing for knowledge*: the business imperative of the 21st Century. *Paper* sobre "O papel da Xerox na TI", apresentado em Roma, nov. 1997. *Vide*: www.xerox.com.
18. LEONARD-BARTON, D. *Wellspring of knowledge*: building and sustaining the sources of innovation. Harvard Business School Press, 1995.
19. NONAKA, I.; TAKEUCHI, H. *Criação de conhecimento na empresa*. Rio de Janeiro: Campus, 1996.
20. SVEIBY, K. E. *A nova riqueza das organizações*: gerenciando e avaliando patrimônios de conhecimento. Rio de Janeiro: Campus, 1997. p. 9-12.
21. SVEIBY, K. E. *A nova riqueza das organizações*, *op. cit.*, p. 9-12.
22. STEWART, T. A. *Capital intelectual*: a vantagem competitiva das empresas, *op. cit.*

23. MEISTER, J. C. *Educação corporativa*: a gestão do capital intelectual através das universidades corporativas, *op. cit.*
24. Adaptado de: SVEIBY, K. E. *The new organizational wealth*: managing and measuring knowledge based assets. San Francisco: Berrett-Koehler, 1997. p. 27.
25. LEI, D.; SLOCUM, J. W.; PITTS, R. A. Designing organizations for competitive advantage: the power of learning and unlearning. *Organizational Dynamics*, p. 25, Winter 1999.
26. SENGE, P. M. *The fifty discipline*: the art and practice of the learning organizations. New York: Currency Doubleday, 1990. p. 3 e 139.
27. NONAKA I.; TAKEUCHI, H. *The knowledge-creating company*: how japanese companies create the dynamics of innovation. New York: Oxford University Press, 1995.
28. SENGE, P. M. Transforming the practice of management. Human resource development. *Quarterly*, Spring, 1993. p. 9.
29. SENGE, P. *The fifth discipline*: the art and practice of the learning organization. New York: Doubleday, 1990.
30. CRAINER, S. *Key management ideas*: thinkers that changed the management world. New York: Pearson Education, 1999. p. 241-243.
31. ARGYRIS, C.; SCHON, D. *Organizational learning*: a theory of action perspective. Reading: Addison-Wesley, 1978.
32. SENGE, P. *The fifth discipline, op. cit.*
33. SENGE, P.; ROBERTS, C.; ROSS, R.; SMITH, B.; KLEINER, A. *The fifth discipline fieldbook*. London: Nicholas Brealey, 1994.
34. SENGE, P. *The fifth discipline, op. cit.*
35. SENGE, P. *The fifth discipline, op. cit.*
36. PHILLIPS, J. J. *HRD trends worldwide*: shared solutions to compete in a global economy. Houston: Gulf Publ. Co., 1999. p. 245.
37. LONGWORTH, N.; DAVIES, W. K. *Lifelong learning*. London: Kogan Page Ltd., 1996.
38. WATKINS, K. E.; MARSICK, V. J. (eds.). *In: Action*: creating the learning organizations. Alexandria, VA: American Society for Training and Development, 1996. p. 5.
39. SENGE, P.; ROBERTS, C.; ROSS, R.; SMITH, B.; KLEINER, A. *The fifth discipline fieldbook, op. cit.*
40. Adaptado de: GREENWOOD, T.; WASSON, A.; GILES, R. The learning organization: concepts, processes, and questions. *Performance & Instruction*, p. 8, Apr. 1993.
41. SENGE, P.; ROBERTS, C.; ROSS, R.; SMITH, B.; KLEINER, A. *The fifth discipline fieldbook, op. cit.*
42. GEUS, A. de. *The living company*. New York: Doubleday, 1997.
43. NONAKA, I. The knowledge-creating company. *Harvard Business Review*, p. 96, July/Aug. 1991.
44. MEISTER, J. C. *Educação corporativa, op. cit.*
45. OLVE, N.-G.; ROY, J.; WETTER, M. *Condutores da performance, op. cit.*, p. 268-269.
46. PHILLIPS, J. J. *HRD trends worldwide*: shared solutions to compete in a global economy. Houston: Gulf Publ., 1999. p. 246-247.
47. Adaptado de: WATKINS, K. E.; MARSIK, V. J.; PHILLIPS, J. J. (eds). *In: Action*: creating the learning organization. Alexandria: American Society for Training and Development, 1996. p. 5.
48. Adaptado de: GREENWOOD, T.; WASSON, A.; GILES, R. The learning organization: concepts, processes and questions. *Performance & Instruction*, p. 8, Apr. 1993.
49. MANVILLE, B.; FOOTE, N. *Harvest your knowledge datamation*, July 1996.

5. DESENVOLVIMENTO ORGANIZACIONAL

OBJETIVOS DE APRENDIZAGEM:

- Conhecer as origens do DO.
- Compreender o processo do DO.
- Descrever os pressupostos do DO.
- Descrever as técnicas de DO.
- Descrever as etapas da mudança organizacional.
- Compreender as tendências do processo de desenvolvimento humano.

O QUE VEREMOS ADIANTE

- Pressupostos básicos do Desenvolvimento Organizacional (DO).
- O processo do DO.
- Técnicas de intervenção de DO.
- Objetivos do DO.
- Níveis de mudança organizacional.
- Tendências nos processos de desenvolver talentos.

CASO INTRODUTÓRIO
João Teodoro & Silva Alimentos Ltda. (JT&S)

A JT&S é uma empresa tradicional em seu ramo de atuação. Fundada há mais de 40 anos, seu estilo de gestão dominante é baseado no modelo industrial, que até pouco tempo atendia às necessidades das organizações, já que o ambiente em que estavam inseridas tinha uma relativa estabilidade. Essa fase, porém, já não é a realidade. A Era Digital trouxe consigo um ambiente instável, incerto e de alta competitividade. A luz amarela acendeu para a JT&S somente quando começou a perder *market share* e profissionais talentosos. Para mudar esse cenário, o Conselho da empresa decidiu contratar uma nova CEO. Carolina foi a escolhida. A ela foi delegada a missão de provocar mudanças estruturais na empresa, com um olhar para o Desenvolvimento Organizacional (DO). Para ajudar nesse desafio, Carolina contratou Marco como seu novo diretor de Gestão Humana (GH). O que você faria se estivesse no lugar de Marco?

INTRODUÇÃO

As organizações e as pessoas que nelas trabalham estão em constante interação, mudança e transformação. Novos objetivos são estabelecidos, enquanto velhos objetivos são revistos e reimaginados; novos departamentos são criados e os velhos reestruturados ou extinguidos; as pessoas saem da organização ou mudam de posições; novas pessoas são admitidas; os produtos sofrem alterações profundas ou mudam; a tecnologia avança rápida e inexoravelmente. As pessoas também se desenvolvem, aprendem novas habilidades, modificam seus comportamentos e suas atitudes, desenvolvem novas motivações, criam novas necessidades, enfrentam novos problemas e constroem novas competências. Os tempos mudam. Nas organizações, as mudanças ocorrem por força de oportunidades externas, que surgem ou são projetadas por meio do planejamento. O termo *desenvolvimento* é geralmente aplicado quando a mudança é intencional e projetada e planejada com antecipação.

O treinamento quase sempre envolve uma abordagem microscópica e individual, enquanto o DO abrange uma noção macroscópica e sistêmica em termos organizacionais e globais, e não simplesmente individuais. O DO estende-se no longo prazo, não apenas a curto ou médio prazo, como ocorre no treinamento.

O DO é um movimento humanista e seu campo de aplicação não está claramente definido. Baseia-se nos conceitos e nos métodos das ciências do comportamento, visualiza a organização como um sistema total e compromete-se a melhorar a eficácia da organização no longo prazo mediante intervenções construtivas em processos e em estruturas organizacionais. Há muitas variações nas abordagens dos vários autores de DO. Cada um deles desenvolve uma tecnologia diferente e específica que permite combinações variadas, dependendo dos tipos de problemas organizacionais envolvidos e do estilo de trabalho e de consultoria a ser delineado.[1]

Muitos trabalhos de DO são desenvolvidos por consultores externos que funcionam do lado de fora da organização, podendo ser membros de um grupo de assessoria ou de um departamento separado. Outros trabalhos são desenvolvidos por um consultor interno ou, ainda, por um especialista que trabalha dentro da organização diretamente com o órgão de GH ou com a Administração de linha. Geralmente, o consultor interno ou externo desenvolve uma equipe da própria organização para orientá-la a tocar o processo de mudança para frente.

5.1 PRESSUPOSTOS BÁSICOS DO DO

O conceito de DO está intimamente ligado aos conceitos de mudança e de capacidade adaptativa da organização à mudança. Para entender o DO, é necessário conhecer seus pressupostos, que são:[2]

- **Conceito de organização**: os especialistas em DO adotam um conceito tipicamente comportamental de organização. Para Lawrence e Lorsch, por exemplo, "a organização é a coordenação de diferentes atividades de contribuintes individuais com a finalidade de efetuar transações planejadas com o ambiente".[3] Esses autores adotam o conceito tradicional de divisão do trabalho ao se referir às diferentes atividades e à coordenação existente na organização, e lembram Barnard[4] quando se referem às pessoas como contribuintes para as organizações, em vez de estarem elas próprias – as pessoas – totalmente nas organizações. As contribuições de cada participante à organização variam enormemente em função não somente das diferenças individuais, mas também do sistema de recompensas e contribuições adotado pela organização. Esse conceito leva em consideração o fato de que toda organização atua em determinado meio ambiente e como sua existência e sobrevivência dependem da maneira como ela se relaciona com esse meio. Assim, deduz-se que ela deve ser estruturada e dinamizada em função das condições e das circunstâncias que caracterizam o meio em que ela opera.

Outros autores, como Bennis, adotam uma posição mais antagônica com relação ao conceito tradicional de organização. Bennis procura enfatizar as diferenças fundamentais entre os sistemas mecânicos (típicos do conceito tradicional, conservador e burocrático de organização) e os sistemas orgânicos (flexíveis, adaptáveis e típicos de abordagem do DO),[5] conforme se pode observar no Quadro 5.1.

Quadro 5.1 Diferenças básicas entre sistemas mecânicos e orgânicos[6]

Sistemas mecânicos	Sistemas orgânicos
■ Ênfase exclusivamente individual	■ Ênfase nos relacionamentos entre e dentro dos grupos
■ Relacionamento do tipo autoridade-obediência	■ Confiança e crença recíprocas
■ Rígida adesão à delegação e à responsabilidade dividida	■ Interdependência e responsabilidade compartilhadas
■ Divisão do trabalho e supervisão hierárquica rígidas	■ Participação e responsabilidades multigrupais
■ Tomada de decisões centralizada	■ Amplo compartilhamento de responsabilidade e de controle
■ Solução de conflitos por meio de repressão, arbitramento e/ou hostilidade ■ Sua característica principal é o modelo burocrático ■ Suas atividades são rotineiras e conservadoras	■ Solução de conflitos mediante negociação ou solução de problemas ■ Sua característica principal é o modelo adhocrático ■ Suas atividades são criativas e inovadoras

Segundo Bennis, os sistemas orgânicos permitem uma conscientização social dos participantes tornando as organizações coletivamente conscientes de seus destinos e da orientação necessária para melhor se dirigir a eles.

- **Conceito de cultura organizacional**: para os autores do DO, a única maneira viável de mudar as organizações é mudar sua cultura, isto é, mudar os sistemas nos quais os seres humanos trabalham e vivem.

  Cultura organizacional significa o modo de vida, o sistema de crenças, expectativas e valores, a forma de interação e relacionamento típicos de cada organização.[7] A organização é um sistema complexo e humano, com características próprias, com sua própria cultura e com um sistema único de valores. Todo esse conjunto de variáveis deve ser continuamente observado, analisado e interpretado. A cultura organizacional influencia poderosamente o clima existente na organização e o comportamento dos seus participantes.

- **Conceito de mudança organizacional**: o mundo atual caracteriza-se por uma constante e avassaladora mudança. O ambiente geral que envolve as organizações é extremamente dinâmico, exigindo delas elevada capacidade de adaptação como condição básica de sobrevivência. O DO significa uma resposta às mudanças.

  O mundo moderno caracteriza-se por mudanças rápidas, constantes e em explosiva progressão. As mudanças científicas, tecnológicas, econômicas, sociais, políticas etc. atingem e influenciam o desenvolvimento e o êxito das organizações em geral, como empresas, indústrias, empresas de serviços, organizações públicas, hospitais, bancos, universidades etc. O processo de mudança organizacional começa com o surgimento de forças que criam a necessidade de mudança em alguma ou mais partes da organização. Essas forças podem ser exógenas ou endógenas à organização.

  - **Forças exógenas**: provêm do ambiente externo por meio de novas tecnologias, mudanças em valores da sociedade e novas oportunidades ou limitações do ambiente (econômico, político, legal e social). Essas forças externas criam a necessidade de mudança organizacional interna.

  - **Forças endógenas**: são forças internas que criam a necessidade de mudança estrutural e comportamental e provêm do próprio interior da organização em virtude da interação de seus participantes e das tensões provocadas por diferentes objetivos e interesses por novas necessidades.

- **Necessidade de contínua adaptação e mudança**: o indivíduo, o grupo, a organização e a comunidade são sistemas dinâmicos e vivos de adaptação, ajustamento e reorganização como condição básica de sua sobrevivência em um ambiente de mudança. A mudança organizacional não deve ser deixada ao acaso: ela precisa ser planejada. E a mudança planejada é um processo contínuo que leva anos a fio, não pode ser resolvida em alguns momentos.

- **A interação organização e ambiente**: organização e ambiente funcionam em contínua e íntima interação. Uma das qualidades mais importantes da organização é sua sensibilidade e sua adaptabilidade ao contexto que a circunda. A organização precisa melhorar sua capacidade de percepção e mudança adaptativa ante a mudança de estímulos externos. Uma organização sensível e flexível tem capacidade e versatilidade para redistribuir rapidamente seus recursos de maneira a maximizar sua adaptação e melhorar seu rendimento no alcance de seus objetivos dentro de um ambiente mutável e instável. A organização tem que se adaptar constantemente às condições modificadas pela inovação com um mínimo de tempo e de dispêndio em geral.

- **A interação indivíduo e organização**: toda organização é um sistema social. O DO se baseia em uma filosofia acerca do homem: o ser humano tem aptidões para a produtividade, as quais podem permanecer inativas se o ambiente em que vive e trabalha lhe é restrito e hostil, impedindo o crescimento e a expansão de suas potencialidades. Os cientistas sociais, particularmente Maslow[8] e Herzberg,[9] salientam que quando a organização cria um ambiente capaz de satisfazer as exigências das pessoas, essas poderão crescer e expandir-se, e, assim, encontrar sua maior satisfação e autorrealização ao promover os objetivos da organização.

O DO migra do microcomportamento (comportamento no nível individual) para o comportamento organizacional, as normas e os valores organizacionais que podem ser mudados mediante a mudança das normas e dos valores do indivíduo. Por outro lado, a mudança nos valores deve corresponder à lógica do crescimento e da motivação humana e às normas democráticas de nossa sociedade. A mudança frequentemente procurada é a da equalização do poder para alcançar a administração participativa que permite maior autonomia e liberdade das pessoas e seu comprometimento no trabalho.

- **Os objetivos individuais e os objetivos organizacionais**: o DO se baseia no pressuposto de que é plenamente possível o esforço para se conseguir que as metas dos indivíduos se integrem com os objetivos da organização, de maneira que o significado do trabalho seja realmente estimulante e gratificante e comporte amplas possibilidades de desenvolvimento e autorrealização pessoal.

Em resumo, o DO é um esforço integrado de mudança planejada que envolve a organização como uma totalidade. O DO é um programa educacional de longo prazo, orientado para melhorar os processos de resolução de problemas e de renovação de uma organização por meio de uma Administração mais colaborativa e efetiva da cultura dessa organização, com a assistência de um agente de mudança ou catalisador e com o uso da teoria e da tecnologia pertinente à ciência do comportamento organizacional.[10] Os processos de resolução de problemas referem-se às maneiras pelas quais as pessoas da organização fazem diagnóstico e tomam decisões a respeito das oportunidades e dos desafios de seu ambiente externo. A noção de melhorar os processos de resolução de problemas está intimamente ligada com a melhoria dos "processos de renovação organizacional", ou seja, "os processos de iniciar, criar e confrontar mudanças necessárias para possibilitar que a organização se torne ou permaneça viável, para que se adapte a novas condições externas, resolva problemas, aprenda com as experiências...".[11] Argyris enfatiza a renovação e a revitalização organizacional ao dizer que "no coração do DO estão os aspectos da vitalização, energização, atualização, ativação e renovação das organizações por meio das pessoas e tecnologias".[12] Ao referir-se à autorrenovação organizacional, Gardner[13] salienta a necessidade de evitar a decadência e a senilidade organizacional, recuperando a vitalidade, a criatividade e a inovação, aprimorando a flexibilidade e a adaptabilidade, estabelecendo as condições que encorajam a motivação individual, o desenvolvimento e a realização, bem como os processos de produzir resultados de mudança tendo em linha os propósitos da organização. Ao longo das ideias sobre melhoria dos processos de resolução de problemas e de renovação estão subjacentes as noções de propósito e direção, de importância capital para o DO.

Assim, os elementos essenciais de todo e qualquer esforço de DO são:[14]

- Orientação de longo prazo da organização.
- Envolvimento de esforços para proporcionar a maior eficácia global da organização e não simplesmente de uma parte dela.
- Os passos de diagnóstico e de intervenção são desenvolvidos conjuntamente entre os gerentes de linha e o consultor interno ou externo.

TENDÊNCIAS EM GH

Três áreas que merecem destaque no DO

Tudo está se relacionando a dados e análises preditivas na transformação digital das organizações. E isso requer uma liderança comprometida e com um estilo de gestão muito especial, cultura dinâmica e envolvente, e uma organização de apoio e suporte. A concentração em três áreas merece destaque:

- Contínuo recrutamento interno de colaboradores em toda a organização como base para atender às necessidades futuras de novas competências da organização e adequado aproveitamento do enorme potencial existente, além de atender às expectativas e aos objetivos individuais de todos os talentos envolvidos.
- Capacitação intensa de toda a força de trabalho como preparação para as profundas mudanças e transformações decorrentes da Quarta Revolução Industrial e de futuras automações, robotização e máquinas dotadas de inteligência artificial (IA).
- Esforço concentrado na gestão de mudanças organizacionais para atender aos dois aspectos anteriores: as novas competências decorrentes da capacitação interna de um lado, e o enfrentamento das profundas e exponenciais mudanças tecnológicas, sociais, culturais, econômicas, políticas e demográficas de outro lado.

5.1.1 Origens do DO

Warren G. Bennis aponta quatro condições básicas que deram origem ao DO:[15]

- Transformação rápida e inesperada do ambiente externo das organizações.
- Aumento do tamanho e da amplitude das organizações, fazendo com que o volume das atividades tradicionais da organização não seja suficiente para sustentar o seu crescimento.
- Crescente diversificação e gradativa complexidade da tecnologia moderna, exigindo íntima integração entre atividades e pessoas altamente especializadas e de competências muito diferentes.
- Mudança no comportamento administrativo em virtude de:
  - **Um novo conceito de homem**: baseado em um crescente e maior conhecimento de suas complexas e mutáveis necessidades, que substitui a ideia do homem ultrassimplificado, inocente e do tipo "aperta-botões".
  - **Um novo conceito de poder**: baseado na colaboração, no engajamento e na iniciativa pessoal, que substitui o modelo de poder baseado na coação e na ameaça para obter obediência.

- **Um novo conceito de valores organizacionais**: com base em ideais humanísticos democráticos, que substitui o velho sistema de valores despersonalizado e mecanístico do modelo burocrático.

Quadro 5.2 Abordagem tradicional × abordagem do DO[16]

Fatores tradicionais		Fatores emergentes	
Ambiente tecnológico	Ambiente sociológico	Ambiente tecnológico	Ambiente sociológico
■ Estável ■ Simples ■ Base limitada de conhecimento	■ Baixa atenção aos eventos do mundo ■ Orientado para o trabalho (ética protestante) ■ Subserviente	■ Rápida mudança ■ Complexo ■ Rápida expansão do conhecimento	■ Alta atenção aos eventos do mundo ■ Revolucionário ■ Problemas sociais complexos ■ Afluente
Tarefas	**Pessoas**	**Tarefas**	**Pessoas**
■ Rotineiras ■ Padronizadas ■ Simples ■ Linha-máquina ■ Objetivos claros	■ Autoridade aceita ■ Lealdade ■ Obedientes ■ Inseguras ■ Educação moderada	■ Complexas ■ Altamente técnicas ■ Conhecimento especializado ■ Integrativas ■ Objetivos ambiciosos	■ Orientação "aqui" e "agora" ■ Bem-educadas ■ Autoatualização ■ Colaborativas ■ Rejeitam autoridade ■ Confrontação
Estrutura organizacional burocrática		**Estrutura organizacional orgânica**	
■ Poder centralizado no topo da organização ■ Comunicação fechada ■ Especialização de funções ■ Relações claramente definidas ■ Relações competitivas ■ Sistema de regras e práticas		■ Contínua redefinição de funções e de papéis ■ Liderança participativa ■ Relações colaborativas ■ Comunicação aberta ■ Políticas e práticas menos restritivas ■ Estrutura organizacional temporária	
Desenvolvimento gerencial		**Desenvolvimento organizacional**	

5.2 PROCESSO DO DO

O processo do DO consiste basicamente de três etapas:[17]

1. **Colheita de dados**: consiste na determinação e na obtenção dos dados necessários e dos métodos utilizáveis para sua colheita dentro da organização. A colheita e a análise de dados são algumas das atividades mais difíceis do DO: incluem técnicas e métodos para

descrever o sistema organizacional, as relações entre os seus elementos ou subsistemas e as maneiras para identificar problemas e assuntos mais importantes.

2. **Diagnóstico organizacional**: focado no processo de solução de problemas. Da análise dos dados colhidos, passa-se à sua interpretação e seu diagnóstico para identificar preocupações e problemas, suas consequências, estabelecer prioridades e os alvos e objetivos. No diagnóstico, verificam-se também as estratégias alternativas e os planos para sua execução e implementação.

3. **Ação de intervenção**: é a fase de implementação do processo de DO. A ação de intervenção é a fase de ação planejada do processo de DO em função do diagnóstico feito. Nessa fase de ação, seleciona-se qual a intervenção mais apropriada para solucionar o problema organizacional diagnosticado. A ação de intervenção não é a fase final do DO, uma vez que esse é cíclico e sequencial, e sim uma etapa capaz de facilitar o processo sobre uma base de continuidade. A intervenção pode ser efetuada por meio de diversas técnicas de intervenção, que veremos na próxima seção.

Acesse conteúdo sobre **A empresa biônica** na seção *Tendências em GH* 5.1

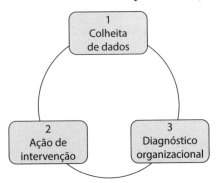

Figura 5.1 O processo do DO em uma base contínua.

VOLTANDO AO CASO INTRODUTÓRIO
João Teodoro & Silva Alimentos Ltda. (JT&S).

Marco percebeu o tamanho do desafio que tinha pela frente. O trabalho iria exigir um processo de mudança na cultura da organização. Todavia, para iniciar o processo, Marco sabia que era preciso seguir um método, e que esse método exigiria conhecer os passos para identificar corretamente os problemas, a fim de propor as devidas ações. No lugar de Marco, o que você faria?

5.3 TÉCNICAS DE INTERVENÇÃO EM DO

O DO é prático e pragmático. Seus conceitos buscam a mudança organizacional por meio do trabalho em equipe.

As principais técnicas de intervenção em DO são:

- Método de realimentação de dados.
- Desenvolvimento de equipes.
- Grade gerencial (*managerial grid*).
- Enriquecimento e ampliação do cargo.
- Treinamento da sensitividade.
- Consultoria de procedimentos.

Vejamos separadamente cada uma dessas técnicas de DO.

5.3.1 Método de realimentação de dados

É uma técnica de DO que parte de levantamentos de dados mediante entrevistas e/ou questionários aplicados a alguma parte da organização para verificar vários aspectos do processo organizacional, como moral, sistema de recompensas, estilo administrativo etc. Os dados são submetidos a reuniões com cada nível de pessoal da organização, de cada vez, para analisar os resultados e planejar as medidas de correção para cada nível da organização.

A realimentação de dados – também chamada *feedback* de dados – é um meio de suprimento de informações adicionais. É uma técnica de mudança de comportamento que parte do princípio de que quanto mais dados cognitivos o indivíduo receber a respeito de uma situação, maior será sua possibilidade de organizar os dados e agir criativamente. A realimentação de dados requer certas relações informacionais bem reguladas, além de um padrão de comunicação informal. A fim de garantir um fluxo adequado de informações, a organização pode lançar mão de vários meios:[18]

- Distribuição interna de dados e informações de acordo com o nível e as posições ocupadas.
- Documentação e distribuição de resultados de pesquisas.
- Realização de discussões periódicas entre as equipes de diferentes áreas da organização.
- Realização de palestras sobre campos de atuação internos, programas e planos de trabalho etc.

A utilização criativa de novas informações por meio de reuniões e conferências pode ser uma das melhores e mais dinâmicas diretrizes para o desenvolvimento administrativo e para o crescimento organizacional.[19]

SAIBA MAIS Saber e fazer

Contudo, a presunção de que o simples suprimento sistemático de informações garante a ação criativa e inovadora parece bastante discutível. A criação e a manutenção de um centro de documentação e distribuição de informações em uma organização são, sem dúvida, úteis para a atualização dos participantes quanto às mudanças tecnológicas, sociais, econômicas e outras mais ocorridas no ambiente. Porém, isso apenas não garante a mudança organizacional. A realimentação de dados geralmente refere-se

> à aprendizagem individual de novos dados a respeito de si mesmo, dos outros, dos processos grupais ou da dinâmica organizacional – dados esses que nem sempre são percebidos ou tomados em consideração pelas pessoas. O desafio está em transformar informações em conhecimento e em planos de ação.

5.3.2 Desenvolvimento de equipes

É uma técnica de DO para criar, desenvolver e incentivar equipes. É, muitas vezes, coordenada com atividades de desenvolvimento gerencial (no nível individual) e que se distingue pelo fato de que o grupo treinado é selecionado na base do trabalho que será feito em conjunto na organização. Se a organização está planejando uma forma de administração por projeto, torna-se relevante proporcionar treinamento de equipe aos membros e ao líder da equipe para ajudar a torná-la mais eficaz naquele trabalho conjunto.

A formação e o desenvolvimento de equipes são uma técnica de alteração comportamental muito utilizada pelas organizações. Grupos de pessoas de vários níveis e especializações reúnem-se sob a coordenação de um especialista ou consultor e criticam-se mutuamente, procurando um ponto de encontro para que se alcance a colaboração, eliminando as barreiras interpessoais de comunicação pelo esclarecimento e pela compreensão de suas causas. A equipe passa a autoavaliar seu comportamento por intermédio de determinadas variáveis, como grau de confiança recíproca entre os participantes, comunicação existente entre eles, grau de apoio recíproco, compreensão dos objetivos da equipe, tratamento dos conflitos dentro da equipe, maior utilização das habilidades dos participantes, métodos do controle etc.[20] No trabalho em equipe, as barreiras hierárquicas e os interesses específicos de cada departamento são eliminados, proporcionando predisposição para a colaboração irrestrita e a inovação.

Schein propõe a técnica de desenvolvimento de equipes em que o ponto principal a enfocar é a tarefa a ser executada. A equipe é coordenada por um consultor cujo papel varia intensamente, pois sua coordenação permite certas intervenções sobre a equipe a fim de torná-la sensível a seus processos internos de metas e objetivos, participação, sentimentos, liderança, decisões, confiança, criatividade etc.

O desenvolvimento de equipes pode ser efetuado por meio de seminários de treinamento ou seminários de DO, utilizando a comunidade de aprendizagem constituída de participantes e equipes de consultores, que trabalham em conjunto. Essa técnica tem por objetivo promover o desenvolvimento pessoal e organizacional, de modo a viabilizar o alcance dos objetivos individuais dos participantes da equipe, ao mesmo tempo em que são atendidos os objetivos da organização. Esses seminários procuram desenvolver conhecimentos e habilidades de trabalhar em grupo, de resolver problemas complexos, de diagnosticar unidades ou organizações, de reconhecer e tornar mais eficazes os estilos individuais de gerência e liderança etc. De modo geral, os participantes da equipe são grupos de pessoas dos diversos subsistemas da organização que trabalham com os problemas reais com que estão se defrontando.

5.3.3 Grade gerencial (*managerial grid*)

Uma versão do desenvolvimento de equipes para a mudança organizacional é o DO do tipo *grid* – *managerial grid* ou grade gerencial –, proposta por Blake e Mouton.[21] O modelo de DO do tipo *grid* é realizado por meio de seis fases, que começam com um laboratório de treinamento e terminam com um programa de ação e de solução de problemas que visa modificar o funcionamento da organização no nível pretendido. As seis fases[22] são apresentadas no Quadro 5.3.

Quadro 5.3 As seis fases do modelo do DO do tipo *grid*

1. Treinamento por meio de seminário-laboratório 2. Desenvolvimento de equipes 3. Desenvolvimento de relações intergrupais	**Desenvolvimento gerencial**
4. Estabelecimento de objetivos organizacionais 5. Implementação dos objetivos 6. Estabilização e crítica sistemática	**Desenvolvimento organizacional**

O *managerial grid* é uma grade composta de dois eixos que representam as duas principais preocupações de todo administrador: no eixo horizontal do *grid* está a preocupação com a produção, enquanto no eixo vertical está a preocupação com as pessoas. Ambos os eixos estão divididos em nove graus, em que o grau 1 significa a mínima preocupação e o grau 9, a preocupação máxima com uma daquelas duas variáveis.

Juntando os dois eixos, cada gerente ou área passa a ser avaliado quanto à sua preocupação com as pessoas, ou ênfase a elas, por aspectos comportamentais e quanto à sua preocupação ou ênfase em relação a produção e tarefas a serem realizadas. Daí resultam os seguintes estilos gerenciais ou administrativos:

- **Estilo 1.1**: denota grau 1 quanto à preocupação com a produção e grau 1 quanto à preocupação com as pessoas. Em outros termos, omissão total.

- **Estilo 1.9**: denota grau 1 ou mínimo quanto à preocupação com a produção e grau 9 ou máximo quanto à preocupação com as pessoas.

- **Estilo 9.1**: denota grau máximo de preocupação com a produção e grau mínimo de preocupação com as pessoas.

- **Estilo 9.9**: representa o padrão de excelência: máxima preocupação com a produção e com as pessoas.

O *managerial grid* permite avaliar a discrepância (*gap*) entre o estilo ideal de excelência e o estilo ou padrão atual. O modelo do *grid* baseia-se em uma concepção pela qual a mudança organizacional tem início com a mudança individual como um mecanismo de descongelamento prévio. Os processos em termos interpessoais, grupais e intergrupais devem ocorrer antes das mudanças na estratégia e no ambiente interno da organização. O modelo do *grid* permite induzir a mudança e alcançar os resultados desejados de maneira ordenada, rigorosa e controlada. Em todos esses níveis, a mudança é sempre planejada para alcançar a excelência, ou seja, o estilo 9.9.

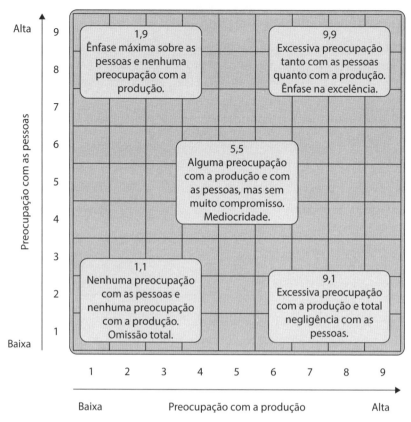

Figura 5.2 *Managerial grid.*[23]

Blake e Mouton salientam que seu modelo de DO repousa sobre três premissas acerca das organizações:[24]

- Indivíduos e organizações estão continuamente reduzindo dissonâncias entre sua autoimagem e a realidade. Isso tende a provocar certa autodecepção, que tende a aumentar a autoconsciência por parte do indivíduo e da organização. Esse processo inicia a conscientização que leva à mudança e deve preceder ao planejamento do novo ambiente interno da organização envolvendo novas políticas, nova estrutura, novos sistemas etc.
- As organizações alcançam "satisfações" apenas abaixo de seu potencial, seja quanto ao funcionamento, seja quanto ao desempenho. Faz-se necessário melhorar as condições das organizações, tornando-as mais competitivas e coerentes com o mundo atual, que se caracteriza por transformações aceleradas e incessantes.
- Uma grande quantidade de energia é devotada a comportamentos disfuncionais resultantes da autodecepção. O resultado disso é o que Blake denomina *cultura drag*: a organização torna-se inábil em adaptar-se e mudar em resposta aos problemas internos e externos. Torna-se necessária uma nova forma de obter mudanças por meio da mudança sistemática – que oferece uma diferente alternativa de aprender com base na experiência. Os autores propõem uma tecnologia de DO para analisar a cultura da organização, mudar o comportamento e os valores, melhorar o clima organizacional e os estilos gerenciais, e consolidar e institucionalizar tais mudanças para aumentar a eficiência da organização, das equipes e dos indivíduos.

O DO do tipo *grid* parte do princípio de que a organização é um sistema complexo que deve ser analisado globalmente para se verificar – no todo ou nas partes – qual é seu *excellence gap*, isto é, a discrepância entre o que a organização é e o que deveria ser seguindo um padrão de excelência.

5.3.4 Enriquecimento e ampliação do cargo

O enriquecimento e a ampliação do cargo são tratados aqui como técnicas de DO. Muitos autores do DO focalizam seus esforços primariamente em programas de treinamento que facilitam o reprojeto e o redesenho dos cargos a fim de tornar o trabalho mais interessante e envolvente para as pessoas na organização. O trabalho tradicionalmente dividido e simplificado pela engenharia industrial passou a receber contribuições importantes das ciências comportamentais: o desenho do cargo passou a incluir o envolvimento de toda a organização.[25]

Ao tornar o cargo mais significativo e interessante, dá-se oportunidade à pessoa para crescimento, reconhecimento, desafio e realização pessoal. O planejamento, a execução e a avaliação não são mais separados: com o enriquecimento do cargo, a própria pessoa planeja, estabelece objetivos e controla os resultados de seu próprio trabalho. Em geral, o enriquecimento do cargo começa em uma seção ou fábrica de uma organização e espalha-se pelas demais. Algumas organizações estabelecem uma comissão de empregados para coordenar os assuntos de enriquecimento dos cargos. Os participantes dessa comissão procuram geralmente identificar dois tipos de problemas:[26]

- Tornar a organização um lugar de trabalho mais agradável.
- Tornar a organização mais eficaz.

A ideia básica do enriquecimento do cargo é dar às pessoas, em todos os níveis, mais oportunidades para tomar decisões a respeito de seus objetivos, programações e métodos de executar o trabalho e mais responsabilidade quanto ao produto acabado. Isso significa que a Administração deve pretender delegar responsabilidade e aceitar o fato de que as pessoas podem tomar decisões inteligentes quando recebem dados e informações apropriados. Isso não significa que o gerente abdica, mas simplesmente delega decisões que serão tomadas por aqueles que estão mais envolvidos e qualificados para tomá-las.

5.3.5 Treinamento da sensitividade

Recebe também a denominação de grupos-T (grupos de treinamento), grupos de encontro ou, ainda, laboratórios de sensitividade, e precedeu o DO por 10 ou 15 anos. Esses grupos desempenham papel-chave nos programas de desenvolvimento gerencial individual, embora o método seja utilizado em algumas organizações em combinação com o treinamento de equipes para produzir maior impacto sobre a organização. Os grupos de treinamento podem ser utilizados como parte de um esforço global e são combinados com outras técnicas já mencionadas. É muito indicado para descongelar atitudes inadequadas de executivos e fazê-los mais predispostos a outros tipos de intervenção.

O treinamento da sensitividade visa melhorar a competência interpessoal e o relacionamento com pessoas e grupos e, consequentemente, diminuir a ansiedade e reduzir o conflito interpessoal e intergrupal.

Os principais objetivos do treinamento da sensitividade são:[27]

- Aumentar a autocompreensão das pessoas acerca do próprio comportamento em um contexto social, aprendendo como os outros veem e interpretam o próprio comportamento e alcançando uma intravisão de como as pessoas agem em diferentes situações interpessoais.
- Aumentar a sensitividade quanto ao comportamento dos outros. Esse objetivo é recíproco ao objetivo anterior. Refere-se ao próprio indivíduo, à sua maior conscientização dos estímulos emitidos pelas outras pessoas e ao aumento da capacidade de inferir as bases emocionais das comunicações interpessoais.
- Aumentar a conscientização dos tipos de processos que facilitam ou inibem o funcionamento do grupo. Por exemplo, por que alguns membros participam ativamente e outros não? Por que formam e mantêm guerras uns contra os outros? Por que grupos diferentes que podem colaborar juntos para os mesmos objetivos, muitas vezes, criam situações conflitivas insolúveis?
- Aumentar as habilidades orientadas para o diagnóstico e para a ação nas situações sociais, interpessoais e intergrupais.
- Ensinar a pessoa a aprender: ensiná-la a analisar continuamente seu próprio comportamento interpessoal a fim de encontrar-se e engajar-se em interações interpessoais mais eficazes com os outros.

O treinamento da sensitividade permite tornar as pessoas menos defensivas a respeito de si mesmas, menos temerosas das intenções dos outros e mais responsivas perante os outros, e, assim, suas necessidades deixarão de ser interpretadas pelos outros de maneira negativa. O resultado será maior criatividade (pela diminuição do temor dos outros e, consequentemente, pela menor atitude defensiva), menor hostilidade quanto aos outros (em virtude de melhor compreensão dos outros) e maior sensitividade às influências sociais e psicológicas sobre o comportamento em trabalho.[28]

5.3.6 Consultoria de procedimentos

Também denominada consultoria de processos, é uma técnica de DO que exige uma terceira parte: um consultor interno ou externo. O consultor não funciona como um especialista naquilo que a organização pretende fazer (produtos ou serviços etc.), mas como um especialista em processos humanos e informacionais que auxilia a organização na adequada utilização das pessoas para o alcance dos objetivos organizacionais. Daí o nome "consultoria de procedimentos" (ou de processos humanos).[29] Se os objetivos organizacionais ou processos decisórios são obscuros, o consultor pode ajudar os gerentes de linha a esclarecê-los, focalizando sobre como eles devem trabalhar juntos. A especialidade do consultor reside em sua capacidade de ajudar a organização a ajudar a si mesma. A ênfase dessa técnica é localizada em processos como comunicações, liderança, papéis dos participantes nos grupos, resolução de problemas e tomada de decisões, normas grupais e crescimento grupal, liderança e autoridade, cooperação e competição intergrupal, bem como a aprendizagem de diagnosticar e desenvolver habilidades necessárias para lidar eficazmente com as pessoas.

Existem outras técnicas que fazem parte da enorme bagagem dos consultores em DO, mas quase sempre estão relacionadas com alguma das técnicas expostas. O cientista do comportamento – que funciona como consultor interno ou externo – desempenha papel que facilita o desenvolvimento da organização, enquanto os gerentes de linha tomam a iniciativa da administração do projeto para alcançar o resultado da melhoria da organização.

Capítulo 5 – Desenvolvimento Organizacional

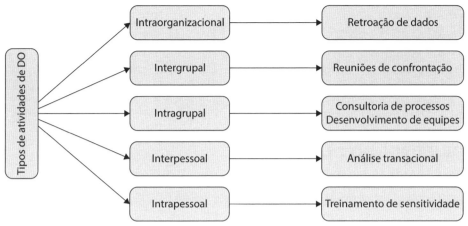

Figura 5.3 Tipos de atividades do DO.[30]

Quadro 5.4 Intervenções de DO em duas dimensões interdependentes: indivíduo-grupo e tarefa-processo[31]

		Dimensão individual × grupal	
		Focalização no indivíduo	**Focalização no grupo**
Dimensão: tarefa versus processo	**Focalização na tarefa**	▪ Técnica de análise de papel ▪ Educação: habilidades técnicas e tomada de decisões, resolução de problemas, estabelecimento de objetivos ▪ Planejamento de carreira ▪ DO tipo *grid* (fase 1) ▪ Enriquecimento do cargo ▪ Administração por objetivos (APO)	▪ Mudanças tecnoestruturais ▪ Retroação de dados ▪ Reuniões de confrontação ▪ Desenvolvimento de equipes ▪ Atividades intergrupais ▪ DO tipo *grid* (fases 2 e 3)
	Focalização no processo	▪ Planejamento de vida ▪ Consultoria de procedimentos ▪ Educação, dinâmica de grupo e mudança planejada ▪ Grupo-T entre estranhos ▪ Pacificação por terceira parte ▪ DO tipo *grid* (fase 1)	▪ Retroação de dados ▪ Desenvolvimento de equipes ▪ Atividades intergrupais ▪ Grupo-T entre conhecidos ▪ DO tipo *grid* (fases 2 e 3)

 VOLTANDO AO CASO INTRODUTÓRIO
João Teodoro & Silva Alimentos Ltda. (JT&S)

Tendo realizado o diagnóstico, Marco chegou na seguinte situação:
▪ As pessoas não compartilhavam os valores da organização.
▪ A organização não tinha valores como flexibilidade e mudanças em seu DNA.
▪ Pouca diversidade.

- Acomodação dos colaboradores em seus cargos.
- Cargos pouco desafiadores.
- Trabalho com foco no individualismo.

Marco tinha que apresentar um plano para Carolina. Se você estivesse no lugar de Marco, quais propostas estaria inserindo no plano?

5.4 OBJETIVOS DO DO

Os principais objetivos do DO são:

- Aumentar o nível de confiança e apoio entre os membros da organização.
- Aumentar a confrontação dos problemas organizacionais dentro dos grupos e entre os grupos, e não "varrer os problemas para debaixo do tapete".
- Criar um ambiente no qual a autoridade designada pelo papel e pela hierarquia seja aumentada pela autoridade baseada no conhecimento e na habilidade.
- Incrementar a abertura das comunicações laterais, verticais e diagonais.
- Incrementar o nível de entusiasmo e satisfação pessoal na organização.
- Procurar dar soluções sinergísticas aos problemas de maior frequência. Soluções sinergísticas são soluções criativas em que 2 + 2 é maior do que 4 e por meio das quais todas as partes ganham mais por meio da cooperação do que por meio do conflito.
- Incrementar o nível de responsabilidade individual e de responsabilidade grupal no planejamento e em sua implementação.

5.4.1 O modelo XA e YB

Os modelos de Teoria X e Teoria Y de McGregor são tomados como referência para salientar a direção dos esforços do DO em relação aos objetivos apresentados. Argyris[32] propõe dois modelos:

1. **Modelo XA**: representa a posição clássica das organizações: as práticas administrativas desse modelo são baseadas nas presunções da Teoria X e são geralmente acompanhadas por um padrão (A) de comportamentos desenvolvidos na base da não expressão dos sentimentos, do fechamento a toda espécie de sentimentos e de nenhuma ligação com o nível individual de competência interpessoal. Como os administradores também não estão preparados para ajudar os outros a se abrir ou a desenvolver seu nível interpessoal de competência, esse modelo leva ao conformismo, ao antagonismo e à desconfiança entre os participantes.

2. **Modelo YB**: inclui práticas administrativas baseadas na Teoria Y e em um padrão (B) de comportamentos que envolvem maior confiança, abertura para sentimentos e para a experimentação de ideias e sentimentos, e maior respeito pela individualidade humana. Para Argyris, a tarefa básica do consultor ou interventor de DO é gerar informações válidas e úteis relacionadas com problemas organizacionais para ajudar o sistema-cliente a tomar decisões responsáveis e a desenvolver comprometimento interno com relação a elas. Sob certas condições, essa tarefa pode ser mais bem desenvolvida quando a discrepância entre a situação atual e o modelo YB é compreendida por todos. No fundo,

o caminho do DO é sair do modelo XA e chegar ao modelo YB, no qual os gerentes sentem autoaceitação por meio da expressão de seus próprios sentimentos e tornam-se conscientes no sentido de ajudar os outros a operar em um clima seguindo as normas do padrão (B) de comportamentos.

5.5 ALGUMAS CONSIDERAÇÕES SOBRE O DO

Um relatório recente do *Conference Board* definiu o DO como "um processo planejado, administrado e sistemático de mudança da cultura, sistemas e comportamento de uma organização, no sentido de aumentar a eficácia da organização em resolver seus problemas e alcançar seus objetivos".[33]

Para Lau, o DO deve ser utilizado por especialistas profissionais que seguem os seguintes aspectos:[34]

1. Aplicação dos conhecimentos e métodos das ciências comportamentais.
2. Melhoria ou mudança dos padrões de interação (derivados das normas, valores e expectativas de papel) de um sistema social dinâmico.
3. Integração das emoções e sentimentos na perspectiva racional da organização formal para alcançar maior objetividade.
4. Focalização sistêmica para afetar indivíduos, equipes e interações organizacionais concomitantemente.
5. Melhoria do clima organizacional e aplicação da tecnologia social (técnicas de processo de aprender a aprender) para atingir simultaneamente ambos os objetivos individuais e organizacionais.
6. Um contínuo programa educacional para o sistema administrativo alcançar o acima exposto.

Em teoria, o DO é um esforço coordenado pelos membros da organização (geralmente com ajuda de consultores externos) para descobrir e remover barreiras atitudinais, comportamentais, procedurais, políticas e estruturais ao desempenho eficaz do sistema sociotécnico, ganhando no processo crescente consciência da dinâmica interna e externa do sistema, de modo a aumentar futuras adaptações e permitir mudanças para melhor.[35]

Quadro 5.5 Comparação entre o treinamento tradicional e o processo de mudança organizacional[36]

Dimensão	Treinamento tradicional	Processo de mudança organizacional
Unidade de focalização	O indivíduo	Relações interpessoais: equipes, grupos de trabalho, relações intergrupais, relações superior-subordinado
Conteúdo do treinamento	Habilidades técnicas e administrativas	Habilidades interpessoais e de participação grupal: comunicação, solução de problemas, administração de conflito, aconselhamento
População-alvo	Supervisores de primeira linha. Gerentes são treinados fora da organização	Todos os níveis. Geralmente, a intervenção inicial é na gerência de topo, dentro da organização

(continua)

(continuação)

Dimensão	Treinamento tradicional	Processo de mudança organizacional
Concepção do processo de aprendizagem	Cognitiva e racional	Cognitiva, racional, emocional-motivacional
Estilo de ensino	Centrado no professor e na matéria	Participativo, experiência imediata, solução de problemas e centrado na população e na matéria
Objetivos de aprendizagem	Racionalidade e eficiência	Conscientização, adaptação e mudança
Visão da organização	Unidades discretas de habilidades funcionais	Sistema social

Em resumo, DO significa um esforço planejado e consciente de mudança organizacional. Todavia, para que a mudança organizacional possa ocorrer, ela requer necessariamente uma mudança individual em termos de postura, atitude, comportamento, pensamento, conceitos, ideias etc.

Fases da mudança individual

1) Consciência quanto à necessidade de mudança	• Comunicações da organização • Insumos dos clientes • Mudanças nos mercados • Acesso *on-line* à informação
2) Desejo de participar e de apoiar a mudança	• Medo de perder o emprego • Insatisfação com o *status quo* • Consequências negativas iminentes • Aumento da segurança no emprego • Afiliação e senso de pertencer • Avanço na carreira • Alcance de poder ou posição • Confiança e respeito pela liderança • Esperança de um futuro melhor
3) Conhecimento de como implementar a mudança	• Treinamento e educação • Acesso à informação • Exemplos e modelos de papéis
4) Habilidade para implementar as habilidades e os comportamentos requeridos	• Prática e uso de novas habilidades • *Coaching* • *Mentoring* • Remoção de barreiras
5) Reforço consistente para manter a mudança	• Incentivos e recompensas • Mudanças na remuneração • Reconhecimento às pessoas • Celebrações

Habilitam à mudança organizacional

Figura 5.4 As fases da mudança individual.

5.5.1 Habilitadores da mudança organizacional

A mudança individual deve necessariamente funcionar como um habilitador para a mudança organizacional. Afinal, toda organização é constituída de pessoas. Se elas não mudam, a organização também não muda. Esse é o ponto de partida e, provavelmente, o ponto de chegada.

Para fazer acontecer a mudança organizacional, torna-se necessário proporcionar as seguintes condições às pessoas:[37]

- **Fazê-las abraçar a mudança**: para que as organizações possam adquirir vantagens competitivas e responder prontamente às demandas ambientais e sobreviver em um contexto de mudança, é indispensável que as pessoas abracem a mudança como maneira de trabalhar. Isso requer uma força de trabalho flexível e adaptável. A organização precisa transformar isso em uma variedade de novos arranjos de trabalho, incluindo trabalhos mutáveis, programações flexíveis de trabalho e, frequentemente, modificando equipes de trabalho.
- **Aprender a conviver com a incerteza**: estruturas organizacionais mais chatas, horizontais e simples são aquelas em que as pessoas devem trabalhar em redes dentro e fora de suas organizações, dominar habilidades de colaboração criativa, responder a prioridades mutáveis e assumir responsabilidade pessoal por definir sua própria direção.
- **Aprender a ampliar sua rede de relacionamentos**: cada vez mais as organizações estão integrando-se em alianças, fusões e empreendimentos conjuntos com antigos concorrentes. A capacidade de gerenciar relacionamentos laterais está se tornando um fator crítico na habilidade com que as pessoas alcançam resultados. Equipes funcionais cruzadas e estruturas matriciais estão se tornando comuns e requerem um conjunto cada vez maior de habilidades interpessoais.
- **Aproveitar todas as oportunidades de aprendizado**: as organizações que sobrevivem neste século são aquelas que estão continuamente aprendendo e se renovando. As pessoas que trabalham nelas são solicitadas a assumir plena responsabilidade para gerir seu aprendizado em resposta às mutáveis necessidades organizacionais. Em vez de currículos previamente definidos pela organização tradicional, as pessoas serão responsáveis por criar suas próprias oportunidades de aprendizado para melhorar seu talento e sua criatividade.
- **Desenvolver uma perspectiva diferente de encarreiramento**: o avanço na carreira na estrutura organizacional tradicional consistia em promoções para cima na hierarquia. Hoje, a habilidade de agregar valor à organização está sendo evidenciada. As pessoas deverão desenvolver uma ampla base de experiência e redes de relacionamentos mais extensas para criar uma amplitude maior de oportunidades de carreira.
- **Criar e adicionar valor**: as organizações estão desenvolvendo padrões e expectativas para assegurar vantagem competitiva e desempenho excepcional. As pessoas deverão perseguir oportunidades para criar e adicionar valor, e serão vistas como verdadeiras parceiras da empresa.
- **Estar atento para a tecnologia**: a internet e as tecnologias estão rapidamente se tornando o núcleo do mercado global. E a força de trabalho da organização necessita desenvolver e manter proficiência nas modernas tecnologias no sentido de se tornar viável e produtiva. A aprendizagem virtual e a IA são exemplos de como as organizações estão orientando suas práticas competitivas na economia global.

- **Mudar expectativas sobre o emprego**: após décadas de reestruturação e enxugamento, o contrato de trabalho, o *outsourcing*, o trabalho móvel e o temporário, as organizações e plataformas virtuais e os *startups* são apenas algumas das mudanças na maneira como as pessoas estão sendo aplicadas. A força de trabalho será composta de seres humanos, algoritmos e máquinas inteligentes, e os talentos tenderão a ter um relacionamento diferente e não mais dependente de um único empregador. Os talentos terão relações ágeis e de curto tempo ao longo de suas carreiras, nas quais deverão contribuir com conhecimento e *expertise* em resposta a específicas necessidades dos negócios. Eles deverão trabalhar como se fossem fornecedores de competências e proprietários do negócio cujo cliente são as corporações.
- **Adotar novas relações de trabalho que substituirão a supervisão tradicional**: organizações reconfiguradas deverão ter líderes e não mais estruturas organizacionais verticais, devido à incrível rapidez das mudanças. A cúpula se tornará incapaz de ser o repositório do conhecimento e da sabedoria organizacional. Na nova era, a liderança emerge dentro da organização e as pessoas deverão ter relacionamentos com *coaches*, que as guiarão em seu desenvolvimento para um novo conhecimento e desempenho excepcional.

No fundo, o DO trata de criar e encorajar uma cultura de aprendizado e de mudança na organização.

5.6 NÍVEIS DE MUDANÇA ORGANIZACIONAL

A mudança organizacional apresenta diferentes níveis de profundidade e amplitude. Ela pode simplesmente não acontecer em empresas estáticas; pode ocorrer topicamente em determinada área de atividade na organização e ficar restrita a ela; pode estar contida fragmentadamente em uma porção de projetos esparsos e que guardam alguma interdependência ou relação entre si; pode ser uma mudança mais ampla, partindo da base para o topo de maneira gradual e incremental ao longo do tempo; ou, finalmente, pode ser uma mudança revolucionária, radical, focada na reimaginação, na criatividade, na engenhosidade e na inovação constantes. A Figura 5.6 dá uma ideia desses níveis ou estágios de rápida mutabilidade organizacional em um mundo exponencial.

A mudança organizacional exige fases distintas:

- **Preparação para a mudança**: construir uma plataforma para a gestão da mudança; examinar perspectivas que impactam como as pessoas irão colaborar para que as mudanças possam ocorrer; avaliar as características e os atributos organizacionais que deverão ser afetados pela mudança; desenvolver uma equipe de gestão da mudança e buscar um patrocínio da mudança, que é geralmente o executivo maior da empresa. Sem ele, a mudança perde sua exigibilidade, prioridade, importância e a adesão das pessoas envolvidas.
- **Gestão da mudança**: desenvolver e colocar em prática os planos de gestão da mudança por meio de comunicações intensas e repetidas, patrocínio indiscutível pelo executivo maior, treinamento constante, gestão da resistência para minimizar obstáculos, *coaching* e *mentoring*. Trata-se de criar e executar um plano para implementar a mudança, bem como as atividades a serem aprendidas e aplicadas.
- **Reforço da mudança**: avaliar a eficácia das atividades de gestão da mudança; identificar e ultrapassar os obstáculos; festejar e celebrar os sucessos alcançados.

Capítulo 5 – Desenvolvimento Organizacional

Figura 5.5 Os vários níveis de gestão da mudança organizacional.[38]

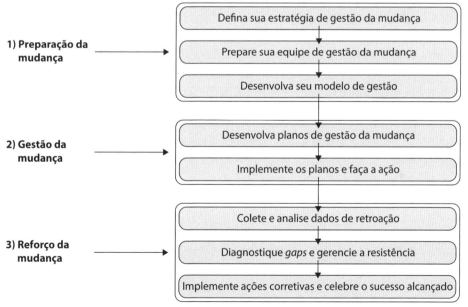

Figura 5.6 As etapas do processo de gestão da mudança.

Para que sejam viáveis e possam realmente acontecer, as mudanças organizacionais precisam se apoiar em quatro fatores indispensáveis:

Acesse conteúdo sobre **O sucesso na gestão da mudança organizacional** na seção *Saiba mais* TDRH 5.1

1. **Escala**: a mudança deve afetar a todos ou pelo menos a maior parte da organização.
2. **Magnitude**: ela deve envolver significativas alterações no *status quo* da organização.
3. **Duração**: ela deve durar meses, senão anos.
4. **Importância estratégica**: a mudança deve ser extremamente relevante para o sucesso da organização.

Responsividade e prontidão são as novas competências requeridas pelo ambiente dinâmico de negócios de hoje. As pessoas precisam dispor de um ambiente de trabalho onde sejam plenamente equipadas para enfrentar as mudanças do mercado; um local de trabalho no qual possam conectar-se com outras pessoas da própria organização e em todo o mundo – tanto dentro como fora da organização – para formular respostas viáveis e vencedoras ao mercado.

SAIBA MAIS — Melhorando a jornada do talento

A organização como um todo precisa ser unificada em torno das iniciativas digitais para melhorar cada vez mais a jornada do talento e liberar as suas potencialidades. As formas ágeis de trabalhar – e que exigem recursos apenas quando são necessários – permitem que os investimentos iniciais sejam mais baixos; portanto, elas são até mais baratas e rápidas do que as abordagens tradicionais de comando e controle.

Os sucessos iniciais que o ágil produz afetam positivamente o moral das equipes. Sem agilidade, a transformação digital da organização, sem dúvida, levará mais tempo. E a longevidade do negócio estará ameaçada. Há um paradoxo nas pessoas. Elas podem constituir-se tanto no principal habilitador quanto na mais difícil restrição ao sucesso organizacional. A habilidade de gerir eficazmente o capital humano constitui a chave determinante do sucesso organizacional. Para atingir e sustentar o domínio competitivo, a mudança transformacional é fundamental – e a força de trabalho constitui o pivô para que isso possa ocorrer.

VOLTANDO AO CASO INTRODUTÓRIO
João Teodoro & Silva Alimentos Ltda. (JT&S)

Um dos grandes desafios de Marco era a mudança de valores culturais, incluindo a mudança da forma de gestão do Modelo XA para o Modelo YB. Como você poderia ajudar Marco a elaborar um processo de mudança para essas necessidades?

5.7 TENDÊNCIAS NOS PROCESSOS DE DESENVOLVER PESSOAS

Em um mundo em constante mudança, não podemos deixar de entrever o que está acontecendo – e o que virá a acontecer – na área de GH em geral e no domínio do desenvolvimento individual, grupal e organizacional. Os processos de desenvolver pessoas estão apresentando as seguintes tendências:[39]

- **Forte ênfase em agregar valor às pessoas e à organização**: a antiga tradição das empresas em extrair o máximo possível dos conhecimentos e das habilidades de seus funcionários sem nada repor ou adicionar em troca já é coisa do passado. Antigamente, as empresas recrutavam e selecionavam as pessoas procurando introduzi-las já com os conhecimentos e habilidades adquiridos em suas experiências em outras empresas do mercado. Não havia a preocupação em investir nas pessoas, pois predominava a preocupação de extrair o máximo delas, que, a princípio, tinham a obrigação de estar preparadas por sua conta para o que desse e viesse. Essa cultura predadora e exploradora já se foi. Agora, a preocupação fundamental das empresas bem-sucedidas é acrescentar valor às pessoas de maneira contínua e intensa. Não como um esforço único e isolado, e sim como um esforço constante e permanente. É que, ao acrescentar valor às pessoas, as empresas estão enriquecendo seu próprio patrimônio, melhorando seus próprios processos internos e incrementando qualidade e produtividade às suas tarefas, bem como aos seus produtos e serviços. Com tudo isso, o cliente sai ganhando. E isso faz parte integrante da competitividade empresarial. Tudo vale nesse inusitado esforço das empresas e das pessoas. Aprender com experiências novas, com os erros, com os acidentes de percurso, com novos conhecimentos, com coisas de outras áreas ou de outras empresas etc. Agregar conhecimentos. Agregar experiências e habilidades. Agregar valor.

- **Foco na aprendizagem e nas competências**: cada vez mais, torna-se imprescindível aprender a aprender. Isso se refere a pessoas, equipes e organizações (aprendizagem individual, aprendizagem em equipe e aprendizagem organizacional, respectivamente). O importante é aprender cada vez mais, melhor e continuamente. Por outro lado, não basta apenas aprender conhecimentos e habilidades. É preciso construir competências: individuais, gerenciais, funcionais e, sobretudo, organizacionais. São as competências que garantem vantagens competitivas que levam ao sucesso organizacional.

- **Participação ativa dos gestores e de suas equipes**: os conteúdos dos programas de treinamento e desenvolvimento (T&D) estão sendo cada vez mais decididos, planejados e implementados pelos gerentes e por suas equipes. Essa é a influência visível da Administração participativa e democrática. Gestores e líderes estão se debruçando juntos na busca de meios alternativos de desenvolvimento de conhecimentos, habilidades, capacidade, atitudes etc. que melhor convenham ao negócio da empresa e às aspirações e características de cada pessoa. O T&D está se tornando não somente uma importante responsabilidade gerencial, mas, sobretudo, uma responsabilidade individual de cada pessoa da organização. Cada vez mais, cresce a conscientização de que cada pessoa deve se responsabilizar por seu autodesenvolvimento ou pela cobrança a seu gerente dos meios e dos recursos para proporcionar e alcançar seu desenvolvimento profissional. O órgão de administração da gestão humana (AGH) passa a funcionar cada vez mais como um suporte de *staff* e de consultoria do que como um simples prestador de serviços.

- **Intensa ligação com o negócio da empresa**: os processos de desenvolvimento de GH não estão mais obedecendo ao imediatismo e ao oportunismo, nem mais às prioridades da área de GH; eles estão sendo planejados e elaborados como partes integrantes do planejamento estratégico da empresa e estão, cada vez mais, voltados para o negócio da empresa. Estão sendo cada vez mais utilizados para obter consonância a respeito do negócio da empresa e, com isso, substituir qualquer forma de controle externo sobre o comportamento das pessoas.
- **Aprimoramento pessoal como parte integrante da melhoria da qualidade de vida das pessoas**: verificou-se que a qualidade de vida das pessoas pode ser incrivelmente aumentada por meio de sua constante capacitação e de seu crescente desenvolvimento profissional. Pessoas treinadas e habilitadas trabalham com mais facilidade e confiabilidade e, consequentemente, com mais prazer e felicidade. Sem falar na qualidade e na produtividade.
- **Contínua preparação da empresa e das pessoas para o futuro e para o destino:** os programas de T&D estão cada vez mais voltados para o futuro e para o destino das pessoas e da empresa. Com esses programas, cada empresa cria, molda e planeja seu futuro, isto é, como elas deverão ser a médio ou longo prazo. Com isso, enfatizam-se a inovação, a mudança e a criatividade. É como se os programas de T&D fossem verdadeiros laboratórios, onde as pessoas são envolvidas em uma atmosfera do que virá a ser a empresa em um futuro próximo ou remoto.
- **Novas abordagens decorrentes da influência da Tecnologia da Informação (TI)**: em plena Era Digital, a GH não poderia ficar distanciada das modernas tecnologias de difusão do conhecimento existentes. O treinamento está surgindo agora como um subproduto da TI e da IA. A escola por meio da multimídia já chegou há tempos, e o local físico dela simplesmente evaporou. A escola está em casa, na empresa, no micro, em qualquer lugar ou tempo. É o treinamento móvel ou, melhor dizendo, o centro de treinamento virtual. Theodore Shultz, detentor do Prêmio Nobel de Economia, afirma que a escola é a nova riqueza das nações. Poderíamos acrescentar que o T&D são as novas armas das empresas rumo à competitividade. A importância do conhecimento é grande demais para ficar circunscrita às antigas tecnologias e recursos audiovisuais. Os progressos nesse campo são monumentais. Cada vez mais, as modernas tecnologias estão presentes nos programas de T&D.
- **Adequação das práticas de T&D às diferenças individuais das pessoas**: cada vez mais, os processos de desenvolvimento de talentos estão levando em conta as diferentes características das pessoas e se adequando gradativamente a elas. Isso leva em conta não somente características pessoais, como personalidade e aptidões, mas também, e principalmente, aspectos vocacionais, interesses, objetivos de vida, necessidades pessoais etc.
- **Ênfase em técnicas grupais e solidárias**: os processos de T&D estão privilegiando o trabalho em conjunto e a atividade em equipe. Mais do que isso, estão ajudando as pessoas a aprender a conviver melhor socialmente em grupos e em equipes multifuncionais. Os processos de desenvolvimento estão batizando uma nova forma de trabalho, em que os grupos e as equipes passam a constituir o núcleo de toda atividade humana.
- **Utilização de mecanismos de motivação e de realização pessoal**: é impressionante como os processos de desenvolvimento estão sendo considerados um importante

investimento pessoal e um meio eficaz para o alcance de objetivos pessoais. A conscientização da importância do desenvolvimento pessoal e gerencial é aspecto comum nos dias de hoje. Muitas empresas estimulam seus funcionários a aprender sempre e a valorizar o conhecimento. Isso faz com que as pessoas, em todos os níveis da organização, interessem-se vivamente em participar de programas de T&D, não somente como treinados, mas, sobretudo, como instrutores.

- **Busca incessante da excelência**: em plena era da qualidade e da produtividade, o papel do processo de desenvolvimento de GH evoluiu bastante. Há um profundo inconformismo com a situação atual, com o *status quo* e com o sucesso já alcançado pela empresa. Tudo dentro da empresa pode e deve ser melhorado continuamente. Sucesso empresarial não significa o ponto de chegada, mas o ponto de partida. A excelência está constituindo o padrão de referência para essa mentalidade de mudança e de inovação para a obtenção de competitividade. Muito embora a eficiência não tenha sido desprezada, é cada vez maior a importância concedida à eficácia e ao alcance de resultados concretos. Isso vale não somente para pessoas, equipes ou gerentes, mas, sobretudo, para tudo aquilo que ocorre dentro da empresa. A contribuição que cada tarefa, cargo, função, pessoa, órgão ou área da empresa proporciona no alcance dos resultados organizacionais. A eficácia passa a servir como importante indicador de desempenho para pessoas, equipes, gerentes ou áreas da empresa, e o treinamento também deve mostrar em que aspecto pode efetivamente contribuir de maneira direta ou indireta para os resultados do negócio da empresa. É por isso mesmo que o processo de desenvolvimento de GH está cada vez mais nas mãos dos gerentes e de suas equipes.

- **Compartilhamento da informação em substituição aos controles externos**: as empresas estão descobrindo que os controles externos – artificiais, onerosos e custosos, que mais provocam problemas do que os resolvem, e cuja relação custo/benefício quase sempre é desfavorável – podem ser extintos e substituídos por outras maneiras mais suaves, construtivas e efetivas de conduzir o comportamento das pessoas para os objetivos empresariais. Os programas de T&D estão adquirindo enorme importância – seja para alterações organizacionais ou mudanças culturais, seja para a criação e a implementação de novas estratégias empresariais, seja para novos posicionamentos da empresa em relação ao mercado, seja para a criação e a consolidação de novos produtos ou serviços etc. – como um meio de preparar e aglutinar a força de trabalho frente a novos rumos ou situações. É a posse e o domínio da informação que produzem o espírito de iniciativa e de empreendimento pessoal, que permite o melhor desempenho e formação de empreendedores internos, que proporciona o campo pessoal para a ambição, a responsabilidade e o risco. A pessoa que possui a informação e o conhecimento pode assumir responsabilidades, riscos e tornar-se uma verdadeira empreendedora dentro da organização, porque sabe onde e como chegar.

- **Permanente fonte de retroação ou retroinformação**: o processo de desenvolvimento de GH está fechando seu ciclo de operação ao incluir necessariamente esquemas de retroação ou retroinformação em tempo real às pessoas. A informação de retorno constitui importante elemento orientador do comportamento das pessoas e favorece balizamentos e mudanças de rumo para o alcance de determinados objetivos. A retroação permite que a pessoa saiba como está se desempenhando, permite sua autoavaliação e sua autodireção, ao mesmo tempo em que proporciona maior autonomia e maior lapso de tempo de supervisão ou de controle externo. Em outros termos, a retroação favorece a maior liberdade pessoal no trabalho, um sentido de melhoria do desempenho ao fornecer indicações de resultados alcançados e de aspectos a serem corrigidos ou aperfeiçoados. Basicamente, a retroação é a principal responsável pela aprendizagem, pelo reforço positivo em relação a novos comportamentos.

As modernas tendências nos processos de desenvolver pessoas são determinadas pelas macrotendências genéricas da GH. Elas mostram o quanto o T&D está se integrando aos negócios da organização, ao planejamento estratégico em sua contínua busca de qualidade e produtividade e, sobretudo, em direção à competitividade em um ambiente marcado por rápidas mudanças e transformações. Pelo lado das pessoas, essas tendências mostram uma forte inversão: elas deixam de ser consideradas meros agentes passivos para se configurarem como os novos empreendedores do conhecimento e das competências. E as pessoas estão tomando iniciativas pessoais em busca de melhor capacitação profissional. Os gestores estão assumindo, cada vez mais, maior parcela de responsabilidade pelo acréscimo de valor de seus subordinados. As equipes estão cada vez mais envolvidas nos programas de T&D. Essa é a nova realidade nos processos de desenvolvimento de GH.

Por outro lado, a trajetória do T&D mostra um incrível foco no futuro, como mostra a Figura 5.7.

Figura 5.7 A trajetória do T&D.[40]

RESUMO

Enquanto o T&D se relaciona com a mudança no nível microscópico e individual, o DO é macroscópico, sistêmico e holístico. O DO procura transformar as organizações mecanísticas em organizações orgânicas, por meio da mudança organizacional, da modificação da cultura organizacional e da compatibilização dos objetivos organizacionais e dos objetivos individuais dos participantes. Assim, o DO é um esforço integrado de mudança planejada que envolve a organização como uma totalidade. O DO envolve um processo de três etapas: colheita de dados, diagnóstico organizacional e ação de intervenção. Entre as técnicas de intervenção em DO, as mais importantes são: realimentação (*feedback*) de dados, desenvolvimento de equipes, grade gerencial (*managerial grid*), enriquecimento e ampliação de cargos, treinamento da sensibilidade e consultoria de procedimentos. Os objetivos do DO são amplos: fazem com que a organização caminhe do Modelo XA em direção ao Modelo YB.

TÓPICOS PRINCIPAIS

DO como movimento	Conceito de organização
Sistemas mecânicos	Sistemas orgânicos
Conceito de cultura organizacional	Mudança organizacional
Habilidades da mudança organizacional	Níveis da mudança organizacional
Técnicas de intervenção em DO	Tendências do desenvolvimento humano

QUESTÕES PARA DISCUSSÃO

1. Conceitue DO.
2. Quais são os principais pressupostos do DO?
3. Existe antagonismo ao falarmos de DO e de mudança? Justifique.
4. Diferencie uma empresa baseada em um sistema mecânico de uma empresa baseada em um sistema orgânico
5. Explique as etapas do processo de DO.
6. Quais são as técnicas de intervenção em DO?
7. Conceitue cultura organizacional.
8. Explique como se dá o desenvolvimento de equipes.
9. O que são os Grupos-T e qual sua finalidade?
10. Considerando a leitura dos objetivos de DO, explique sua importância para a organização.
11. Diferencie o Modelo XA do Modelo YB, caracterizando-os em uma tabela de duas colunas.
12. Quais são as condições necessárias para uma organização proporcionar uma mudança que seja sustentável?
13. Explique os níveis da mudança organizacional.
14. Com base nas tendências nos processos de DO, qual a sua opinião sobre as empresas que não seguirem essa evolução? Justifique.

REFERÊNCIAS

1. SCHEIN, E. H. Behavioral Science for Management. *In*: McGUIRE, J. W. (org.). *Contemporary management*: issues and viewpoints. Englewood Cliffs: Prentice Hall, 1974. p. 24-25.
2. CHIAVENATO, I. *Introdução à Teoria Geral da Administração*: uma visão abrangente da moderna administração das organizações. 10. ed. São Paulo: Atlas, 2020. São Paulo: Atlas, 2020. p. 195.
3. LAWRENCE, P. R.; LORSCH, J. W. *O desenvolvimento de organizações*: diagnóstico e ação. São Paulo: Edgard Blücher, 1972. p. 3.
4. BARNARD, C. I. *As funções do Executivo*. São Paulo: Atlas, 1971.

5. BENNIS, W. G. *Desenvolvimento Organizacional*: sua natureza, origens e perspectivas. São Paulo: Edgard Blücher, 1972. p. 15.
6. Fonte: BENNIS, W. G. *Desenvolvimento organizacional*: sua natureza, origens e perspectivas, *op. cit.*, p. 15.
7. BECKHARD, R. *Desenvolvimento organizacional*: estratégias e modelos. São Paulo: Edgard Blücher, 1972. p. 19.
8. MASLOW, A. H. *Eupsychian management*. Homewood: Richard D. Irwin, 1965.
9. HERZBERG, E. *Work and nature of man*. Cleveland: The World, 1966.
10. FRENCH, W. L.; BELL JR.; CECIL, H. *Organization development*: behavioral science interventions for organization development. Englewood Cliffs: Prentice Hall, 1973. p. 15.
11. GARDNER, J. W. *Self-renewal*: the individual and the innovative society. New York: Harper & Row, 1965. p. 1-7.
12. SCHEIN, E. H. *Behavioral science for management, op. cit.*, p. 25.
13. GARDNER, J. W. *Self-renewal*: the individual and the innovative society. New York: Harper & Row, 1965. p. 1-7.
14. SCHEIN, E. H. Behavioral science for management, *op. cit.*, p. 25.
15. MARGULIES, N.; RAIA, A. P. *Organizational development*: values, process and technology. New York: McGraw-Hill, 1972. p. 5.
16. VARNEY, G. H. *An organizational development approach to management development*. Reading: Addison-Wesley, 1976. p. 19.
17. MARGULIES, N.; RAIA, A. P. *Organizational development*: values, process and technology. New York: McGraw-Hill, 1972. p. 5.
18. CHIAVENATO, I. *Introdução à Teoria Geral da Administração*: uma visão abrangente da moderna administração das organizações, *op. cit.*, p. 207.
19. BENNIS, W. G. *Desenvolvimento organizacional*: sua natureza, origens e perspectivas. São Paulo: Edgard Blücher, 1972. p. 23-27.
20. SCHEIN, E. H. *Behavioral science for management, op. cit.*, p. 50.
21. BLAKE, R. R.; MOUTON, J. S. *A estruturação de uma empresa dinâmica por meio do desenvolvimento organizacional*. São Paulo: Edgard Blucher, 1972.
22. BLAKE, R. R.; MOUTON, J. S.; BARNES, L. B.; GREINER, L. E. Breakthrough in Organization Development. *In*: MARGULIES, N.; RAIA, A. P. *Organizational development*: values, process and technology. New York: McGraw-Hill, 1972. p. 661-665.
23. BLAKE, R.; MOUTON, J. S. *A estruturação de uma empresa dinâmica através do DO do Tipo Grid*. São Paulo: Edgard Blucher, 1976.
24. DUTTON, J. M. Review of R. R. Blake and J. S. Mouton, Corporate Excellence Through Grid Organization Development: a systems approach. *Administrative Science Quarterly*, v. 14, p. 608-610, 1969.
25. HERZBERG, F. *Work and nature of man*. Cleveland: The World, 1966.
26. HUSE, E. F. Job Enrichment: a valuable tool for company and worker. *In*: HUSE, E. R.; BOWDITCH, J. L.; FISHER, D. (orgs.). *Readings on behavior in organizations*. Reading: Addison-Wesley, 1975. p. 371.
27. CAMPBELL, J. P.; DUNNETTE, M. D. Effectiveness of T-Group experiences in managerial training and development. *Psychological Bulletin*, v. 70, p. 73-104, 1968.
28. KORMAN, A. K. *Industrial and organizational psychology*. Englewood Cliffs: Prentice Hall, 1971. p. 272.
29. SCHEIN, E. H. *Consultoria de procedimentos*: seu papel no desenvolvimento organizacional. São Paulo: Edgard Blücher, 1972.

30. CHIAVENATO, I. *Os novos paradigmas*: como as mudanças estão mexendo com as empresas. São Paulo: Manole, 2008.
31. FRENCH, W. L.; BELL Jr.; CECIL, H. DO interventions: an overview. *In*: HUSE, E. F.; BOWDITCH, J. L.; FISCHER, D. (orgs.). *Reading on behavior in organizations*. Reading: Addison-Wesley, 1975. p. 388.
32. ARGYRIS, C. *Management and organizational development*: the path from XA to YB. New York: McGraw-Hill, 1971. Cap. 1.
33. THE CONFERENCE BOARD. *Organizational development*. New York: The Conference Board, 1973. p. 2.
34. LAU, J. B. *Behavior in organizations*: an experimental approach. Homewood: Richard D. Irwin, 1975. p. 217.
35. MILES, R. E. *Theories of management*: implications for organizational behavior and development. Tokyo: McGraw-Hill Kogakusha, 1975. p. 191.
36. EDDY, W. B. From training to organization change. *In*: DAVIS, K. *Organizational behavior*: a book of readings. New York: McGraw-Hill, 1974, p. 179.
37. AUSTIN, W. J. *Corporate coach and principal*: potencial at work. New York: Rochester, 1998.
38. Adaptado de: Carnegie Mellon's Software Engineering Institute.
39. CHIAVENATO, I. *Como transformar RH*: de um centro de despesa em um centro de lucro. São Paulo: Makron Books, 1999. p. 189-193.
40. ROSENBERG, M. J. *E-Learning*: building successful on line learning in your organization. New York: McGraw-Hill, 2001. p. 132.

ÍNDICE ALFABÉTICO

A
Ação de intervenção, 130
Adequação, 50
Agilidade, 26, 95
Agregar valor às pessoas e à organização, 145
Aldeia global, 104
Alentos, 30
Alinhamento sistêmico, 72
Ambiente
 de organização de aprendizagem, 113, 116
 tradicional de treinamento, 113, 116
 virtual de aprendizagem (AVA), 88
Ampliação do cargo, 135
Análise
 da gestão humana como levantamento de necessidades de treinamento, 51
 das operações e das tarefas, 52
 de cargos, 54
 organizacional, 49
  como levantamento de necessidades de treinamento, 49
Aplicação, 5, 113
Aprender
 a aprender, 89
 e reaprender, 37
Aprendiz, 22, 44
Aprendizado
 continuado, 112
 de novas habilidades, 73
 trabalho e, 112
Aprendizagem, 19, 25, 44, 55
 assíncrona (*asynchronous learning*), 65
 auditiva, 22

cinestésica, 22
como estratégia empresarial, 90
contínua, 111
da sua história, 111
de equipes, 110
dos outros, 111
híbrida (*blended learning*), 65
individual, 108
obedece à lei
 da complexidade crescente, 20
 da frequência, 20
 da intensidade, 20
 da recentidade, 20
 do descongelamento, 20
 do efeito, 19
 do estímulo, 20
organizacional, 109
síncrona (*synchronous learning*), 65
transferindo, 111
visual, 22
vivencial, 113
Aprendizes, 68
Aprimoramento pessoal, 146
Áreas de desenvolvimento do talento humano, 17
Armazenamento das informações, 97
Assimetria nos subsistemas, 12
Assimilação, 21
Atitude, 100
Autoavaliação, 21
Autogerenciamento da carreira, 89
Avaliação
 ao nível
  da gestão humana, 70

das tarefas e das operações, 71
 organizacional, 70
 do subsistema de desenvolvimento de pessoas, 28
 dos resultados do treinamento, 70

B
Big data, 25
Busca da informação e do conhecimento, 114

C
Capital
 humano, 30, 103, 118
 intelectual, 30, 103, 118
  estrutura do, 104
  indicadores do, 106
Captura de informações, 97
Cargo, 10
 integral, 44
Ciclo
 da gestão do conhecimento organizacional, 97
 de aprendizagem vivencial, 113
 do treinamento, 45
Cinco níveis do treinamento, 73
Coaching, 63
Colaboração, 89
Colheita de dados, 129
Combinação, 80
Compartilhamento da informação, 147
Competência(s), 92
 básicas, 77
 essenciais da organização, 101
 funcionais de cada unidade da organização, 101
 gerenciais, 101

humanas, 9
individuais, 99, 101
organizacionais, 10, 101
Comunicação(ões), 89
   eletrônicas, 64
Conceitualização abstrata, 23
Conexões globais, 104
Conhecimento, 77, 78, 92, 99, 114
   explícito, 79
   global dos negócios, 89
   implícito, 78
   intensidade do, 104
   rápida obsolescência do, 104
   tácito, 78, 79
   tecnológico, 89
Consistência, 95
Consultoria
   de procedimentos, 136
   de processos, 136
Correio eletrônico, 64
Costumização, 97
Criação de competências individuais, 41
Critério
   da relevância, 71
   da transferibilidade, 71
   do alinhamento sistêmico, 72
Cultura
   drag, 134
   organizacional, conceito de, 126

D

Desenho do programa de treinamento, 62
Desenvolvimento, 5, 37
   de atitudes, 41, 42
   de conceitos, 41, 42
   de equipes, 132
   de gestão humana
      baseado na imposição, 29
      baseado no consenso, 29
      casual, 28
      flexibilidade e pela agilidade, 29
      intencional, 29
      mudança e pela transformação, 29
      planejado, 29
      proativo, 29
      randômico, 28
      reativo, 29
      visão de curto prazo, 29
      visão de longo prazo, 29
   de habilidades, 41, 42
   do talento humano, 15
   organizacional, 123
      considerações sobre o, 139
      objetivos do, 138
      origens do, 128
      pressupostos básicos do, 124
      processo do, 129
      técnicas de intervenção em, 130
   profissional, 39
Diagnóstico organizacional, 130
Diferenças individuais, 21
Dirigentes, 68
Domínio pessoal, 110
Duração, 144

E

E-learning, 90
Educação
   conceito e tipos de, 38
   corporativa, 75, 76, 87, 88, 90
Encarreiramento, 141
Enriquecimento, 135
Ensinar e aprender, 67
Ensino
   a distância, 64, 75
   convencional, 24
   inovador, 24
Entradas (*inputs*), 45
Entrevistas
   com gestores, 53
   de saída, 53
Epistemologia, 79
Era
   da Informação, 3
   Digital, 3
Escala, 144
Esquecimento, 24
Estudo de casos, 63
Etapas do subsistema de desenvolvimento de pessoas, 29
Exames de seleção de colaboradores, 53
Excelência, 147
Execução do treinamento, 67
Expectativas sobre o emprego, 142
Experiência concreta, 23
Experimentação ativa, 23
Externalização, 80

F

Fadiga, 21
Fatores
   emergentes, 129
   tradicionais, 129
Feedback
   de dados, 131
   do desempenho, 53
Flexibilidade, 26, 50
Fluxo rápido de dados, 91
Foco
   na aprendizagem e nas competências, 145
   no crescimento, 104
Forças
   endógenas, 126
   exógenas, 126
Formação profissional, 38

G

Generalização, 113
Gestão
   da mudança, 142
   de competências, 99
   do conhecimento, 93
      como aspecto da cultura organizacional, 95
      como base de informações globais e atualizadas, 95
      como infraestrutura tecnológica, 95
      como processo de T&D, 95
      corporativo, 92
      baseada na imposição, 29
      baseada no consenso, 29
      casual, 28
      intencional, 29
      planejada, 29
      proativa, 29
      quanto ao desenvolvimento de pessoas, 91, 99
      randômica, 28
      reativa, 29
Gestores, 68
Grade gerencial (*managerial grid*), 133
Grupos-T, 135

H

Habilidades, 100
   aprendidas, 73
Habilitadores da mudança organizacional, 141
Homem, novo conceito de, 128

I

Importância estratégica, 144

Índice alfabético

Impulsionadores de desempenho, 9
Incerteza, 141
Indicador(es)
   a *posteriori*, 54
   a *priori*, 54
   de necessidades de treinamento, 54
   de resultados, 61
   do capital intelectual, 106
Informação, 114
Inovação, 78, 94
Instrução, 44
Instrutor(es), 44, 68
Intensidade, 94
Interação, 49
   indivíduo e organização, 127
   organização e ambiente, 126
Interdisciplinaridade, 96
Internalização, 80
Investimento em treinamento, 40

J
Jornada do talento, 144
Julgamento, 100

K
Know-how, 78

L
Laboratórios de sensitividade, 135
Levantamento de necessidades de treinamento, 48
Liderança, 89
   estilo *coaching* e, 90
Ligação com o negócio da empresa, 146
Lógica
   digital, 92
   industrial, 92

M
Magnitude, 144
Manifesto ágil de 2001, 26
Manutenção, 5
Material de treinamento, 68
Meios
   de levantamento de necessidades de treinamento, 53
   para atingir os objetivos, 49
Melhoria da qualidade de vida, 146
Memorização, 24
Mentoring, 63

Método de realimentação de dados, 131
Microaprendizagem, 25
Modelo(s)
   baseado no
      analista, 73
      aprendiz, 72
      gestor, 73
   de gestão do conhecimento de Essekia Paul, 97
   de medição da aprendizagem, 72
   Xa, 138
   Yb, 138
Modificação de atitudes, 41
Monitoração, 5
Monotonia, 21
Motivação, 21 146
   do aprendiz, 22
Mudança(s), 141
   de modelos mentais, 110
   no trabalho, 53
   organizacional, conceito de, 126

N
Necessidade de contínua adaptação e mudança, 126
Nível(eis)
   de aprendizagem da organização, 114
   de mudança organizacional, 142
Nossa organização, 105
Nossas pessoas, 105
Nossos clientes, 105
Novas
   competências, 114
   relações de trabalho, 142
Novos
   horizontes, 114
   insights, 114

O
Objetivos
   individuais, 127
   organizacionais, 127
Observação, 53
   reflexiva, 23
Operação (*throughputs*), 45
Oportunidades de aprendizado, 141
Organização(ões)

como um conjunto integrado de competências, 10
   conceito de, 125
   de aprendizagem, 107, 108, 110
   exponencial, 27, 28
   que aprendem, 108
   tradicional, 28, 108

P
Participação ativa dos gestores e de suas equipes, 145
People Analytics, 54
Períodos de descanso durante o treinamento, 21
Pesquisa de acompanhamento, 72
Pessoas, 30
Planejamento do treinamento, 57, 62
Poder, novo conceito de, 128
Prática, 21
Preparação
   da empresa e das pessoas para o futuro e para o destino, 146
   para a mudança, 142
Princípios de aprendizagem, 21
Processamento, 45, 113
Produtividade no trabalho, 104
Programa
   de integração, 59
   de treinamento, 63
Programação de treinamento, 56
Prontidão, 144
Provisão, 5
Psicologia
   industrial, 17
   organizacional, 17
Punição, 21

Q
Questionário, 53

R
Raciocínio
   criativo, 89
   sistêmico, 110
Rapidez, 95
Reação e/ou satisfação e ação planejada, 73
Realimentação de dados, 131
Realização pessoal, 146
Recompensa, 21
Recursos
   audiovisuais, 64

humanos, 10
    para gestão humana, 10
Rede de relacionamentos, 114, 141
Reforço da mudança, 142
Relato, 113
Relatórios periódicos da empresa ou de produção, 54
Relevância, 71
Responsividade, 144
Resultados
    do negócio, 9, 74
    tangíveis, 30, 118
Retorno sobre o investimento, 72, 74, 118
    em treinamento, 72
Retroação (*feedback*), 45, 147
Retroinformação, 147
Reuniões interdepartamentais, 53
Robôs, 4
Role-playing (dramatização), 63

S

Saídas (*outputs*), 45
Sistema(s)
    conceituais ou abstratos, 64
    de aquisição
        de competências, 48
        de habilidades, 52
    de gestão humana, 2, 9
    de treinamento, 48, 51
    físicos ou concretos, 64
    mecânicos, 125
    orgânicos, 125
    organizacional, 48, 49
Socialização, 80
Solicitação de gestores, 53
Solução de problemas, 89
Subsistema(s)
    de desenvolvimento de pessoas, 15
        objetivos do, 117
    da gestão humana, 1, 4
    básicos, 5
Supervisão tradicional, 142

T

Talentos, 81, 118
Técnicas
    adotadas, 21
    autoinstrucionais, 59
    de treinamento
        mistas, 59
        orientadas para o conteúdo, 59
        orientadas para o processo, 59
        quanto ao foco, 59
        quanto ao local de aplicação, 60
        quanto ao tempo, 59
    grupais e solidárias, 146
Tecnologia, 141
    da informação, 146
    de multimídia, 64
    de treinamento, 64
    educacional de treinamento, 58
Teleconferência, 64
Tempo entre as sessões de aprendizagem, 21
Tendências nos processos de desenvolver
    pessoas, 145
    talentos, 81
Teoria
    do Conhecimento, 79
    X e Teoria Y de McGregor, 138
Tipos de aprendizagem segundo Kolb, 23
Trabalhador
    braçal, 3
    intelectual, 3
Trabalho
    e aprendizado, 112
    em equipe, 10
Transferibilidade, 71
Transformar pessoas em talentos, 117
Transmissão de informações, 41
Treinamento, 36, 37, 39, 40
    avaliação dos resultados do, 70
    ciclo do, 45
    cinco níveis do, 73
    como consultoria de desempenho, 90
    como responsabilidade de linha e função de *staff*, 43
    conceituação de, 40
    da sensitividade, 135, 136
    de indução ou programa de integração à empresa, 59
    depois do ingresso no trabalho, 60
    desenho do programa de, 62
    e desenvolvimento de talentos, 16
    específico, 18
    execução do, 67
    fora do local de trabalho, 60
    genérico, 18
    indicadores de necessidades de, 54
    investimento em, 40
    levantamento de necessidades de, 48
    no local de trabalho, 60
    objetivos do, 43, 49
    planejamento do, 57, 62
    programa de, 63
    programação de, 56
    retorno do investimento em, 72
    sistema de, 48, 51
    tecnologia de, 64

U

Universidade corporativa, 75, 76, 98
Utilização, 97

V

Valor(es), 30, 141
    organizacionais, novo conceito de, 129
    para as organizações, 3
Videoconferência, 64
Visão
    compartilhada, 110
    integrada e holística, 96
Vivência, 113
Volume do material de treinamento, 21